60代からの幸福をつかむ極意

「20世紀最高の知性」ラッセルに学べ

齋藤 孝

明治大学教授

760

中公新書ラクレ

目次

因習的な「酒席文化」は時代遅れに
ストレスの元凶「競争」から降りる
情報取得は質・量ともに〝王侯貴族〟並み
懸念は、社会の地盤沈下と競争の板挟み
競争の果てに何が待っているか

2章 「退屈」が人生を豊かにする

「興奮」「刺激」が諸悪の元
世界の偉人にはかならず「退屈」な時期があった
〈大地〉を実感していますか?
なぜ自然体験ブームなのか
温泉で〈大地〉の恵みを享受
「読書」という行為自体が幸せ
快適な読書環境を探してみよう
それでも「退屈」なら映画で埋め尽くせ

構成／島田栄昭
図表作成・本文ＤＴＰ／今井明子

60代からの幸福をつかむ極意

「20世紀最高の知性」ラッセルに学べ

本書における引用は安藤貞雄訳『ラッセル幸福論』（岩波文庫、一九九一）をもとにしています。直接引用した箇所は〈　〉で括りました。

プロローグ――「不幸の正体見たり枯れ尾花」

日本人は本当に「不幸」なのか

「あなたは今、幸福ですか、不幸ですか？」

そう尋ねられたとしたら、どう答えるでしょうか。

奥ゆかしさを美徳とする日本人の性格上、正面切って「幸福です」と答える人は少数のような気がします。むしろ、「幸福とは言えない」「どちらかと言えば不幸」といった回答が多いのではないでしょうか。

それを象徴するのが、国連の関連組織が毎年公表している「世界幸福度ランキング」（次ページの図表1を参照）。これは「国民一人当たりGDP」「社会的支援」「健康寿命」「人生選択の自由度」「寛容さ」「国への信頼度」という六つの指標について、デー

図表1　世界幸福度ランキング2021
―上位30ヵ国・地域と日本

順位	国名	スコア
1位	フィンランド	7.842
2位	デンマーク	7.62
3位	スイス	7.571
4位	アイスランド	7.554
5位	オランダ	7.464
6位	ノルウェー	7.392
7位	スウェーデン	7.363
8位	ルクセンブルク	7.324
9位	ニュージーランド	7.277
10位	オーストリア	7.268
11位	オーストラリア	7.183
12位	イスラエル	7.157
13位	ドイツ	7.155
14位	カナダ	7.103
15位	アイルランド	7.085
16位	コスタリカ	7.069
17位	イギリス	7.064
18位	チェコ	6.965
19位	アメリカ	6.951
20位	ベルギー	6.834
21位	フランス	6.69
22位	バーレーン	6.647
23位	マルタ	6.602
24位	台湾	6.584
25位	アラブ首長国連邦	6.561
26位	サウジアラビア	6.494
27位	スペイン	6.491
28位	イタリア	6.483
29位	スロベニア	6.461
30位	グアテマラ	6.435
56位	日本	5.94

タまたはアンケート調査の結果を勘案して順位を決めるそうです。

それによると、直近の二〇二一年の日本の順位は対象約一五〇ヵ国中五六位。二〇年は六二位、一九年は五八位なので、だいたいこのあたりで安定しているようです。最上位には北欧の国が並び、先進各国も日本よりはずっと上です。

言い換えるなら、日本人は北欧や先進各国の人びとに比べ、「幸福」を感じていないということです。

それはなぜか。もちろん分析はいろいろ可能だと思います。例えば先の六項目のうち、日本は「人生選択の自由度」「寛容さ」の順位が極端に低いそうです。それだけ社会に窮屈さや世知辛さを感じている人が多いのでしょう。このあたりは真摯に反省し、制度設計等で改善できるところはおおいに改善していただきたいと思うばかりです。

ただ、**今の日本で暮らすことが、先進各国に比べて本当に「不幸」でしょうか。正直なところ、私にはかなり違和感があります。**たしかに少子高齢化は世界の先陣を切って進行しています。経済成長はずっと止まったままで、給料もほとんど上がりません。格差や貧困の問題も可視化されるようになってきました。

しかし、**高齢化・長寿命は医療が技術的にも制度的にも高度である証拠です。**一連のコロナ禍において、日本の死亡者が非常に少なく済んでいる要因の一つも、保健所や医療スタッフの方々が果敢に対応されているからでしょう。

あるいはざっと世の中を見渡しても、多くの人が職に就き、飢えることもなく、街は清潔で店にはモノがあふれ、治安は安定し、「平和ボケ」と揶揄《やゆ》されるほど平和そのものです。もちろん個別具体的に見れば大小さまざまな問題はあるでしょうが、それはどの国・地域に行っても同じこと。日本だけ格別に「不幸」と感じる理由にはなりません。むしろ状況だけなら、**世界の中でもS級ランク**にいると誇ってもいいと思います。

ではなぜ、「不幸」と感じてしまうのか。それは社会の状況というより、個々人の思い込み、日本人ならではの自己肯定感の低さ、謙虚さなどが影響しているのではないでしょうか。だとすれば、解決は比較的容易です。変えるべきは社会ではなく、私たちの頭の中。つまり**ものの見方・考え方を改めれば、「不幸」から「幸福」へ一八〇度逆転させられる、劇的に転換できる**ということです。それが本書の最大の目的です。

中年層の幸福度はなぜ低い?

もう一つ、興味深いデータがあります。内閣府が二〇一九年から行っている「満足度・生活の質に関する調査」の根幹となる「総合主観満足度」の結果です(次ページの図表2を参照)。これは「まったく満足していない」を「〇点」、「非常に満足している」を「一〇点」として、それぞれ自己採点してもらうというもので、二〇二一年の全体の平均は五・七四。ほぼ中間点という、いかにも奥ゆかしい日本人らしい数字だと思います。

着目すべきはここから。この結果を世代別に見ると、一五~三九歳が五・七二、四〇

～六四歳が五・四四、六五～八九歳が六・五三となっています。つまり中年層が最も低く、それより上の高齢者は極端に高いわけです。

ざっくりイメージすると、日本人は若いうちからある程度の不満を抱えながら年齢を重ね、働き盛りと言われる年代でそれがピークに達し、ところがリタイア以降はなぜだか急にハッピーになる。そんな感じでしょう。

たしかに中年層は、家庭も会社も支える側の世代です。責任は重いし、そのわりに報われることは少ないし、将来に対して不安も持っているかもしれません。

それにもちろん、人それぞれに事情を抱えていると思います。私も同世代なので、つい暗い気持ちになるのはわかります。

しかし、本当に日常が不満・不安だら

図表２　生活満足度の推移と変化幅（年齢別）

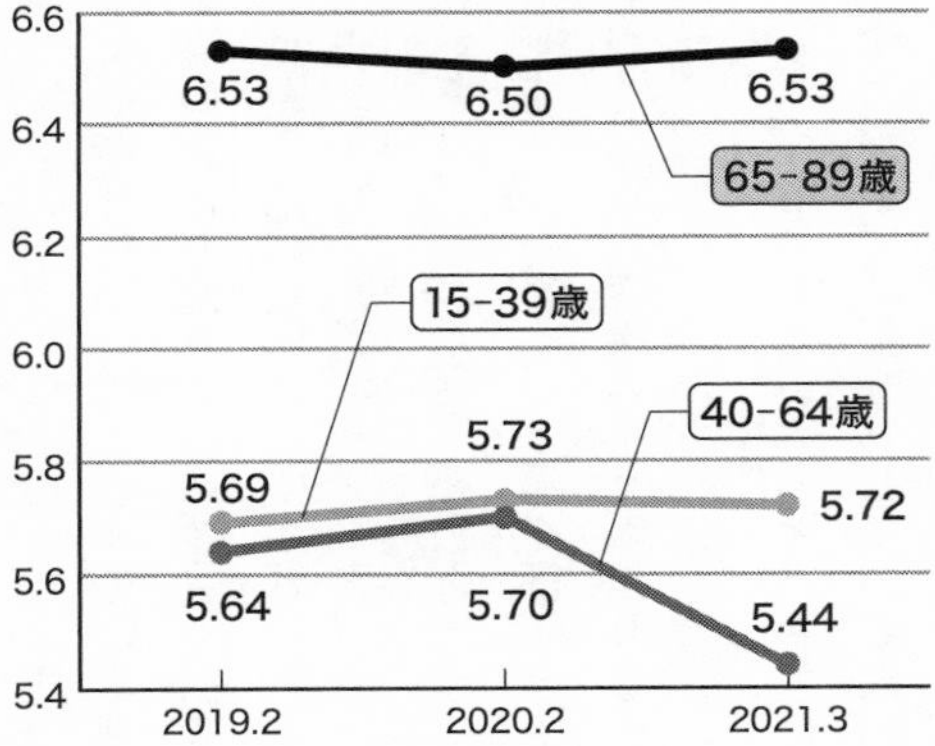

出所）内閣府「満足度・生活の質に関する調査報告書」2021年９月

けかと言えば、そうではない気がします。むしろ個々人の心の中で、不満・不安を増幅させて不幸感を招いてしまっている部分が大きいのではないでしょうか。

「幽霊の正体見たり枯れ尾花」という諺《ことわざ》があります。幽霊が出たと思って怯《おび》えたが、よく見たら枯れた尾花（すすきの穂）だった。なんだ怯える必要なんてなかったじゃないか、というわけです。

私たちは、とかく物事を悪いほうに考えはじめると、世の中のあらゆるものを悪く捉えてしまいがちです。上司や部下とソリが合わないと思えば、その一挙手一投足が気に食わなくなる。老後の蓄えが足りないと思えば、路頭に迷うようなイメージが浮かんでしまう。

しかし冷静に考えてみると、事態はそれほど深刻ではなかったりすることが多いと思います。健康で幸福を感じている高齢者が多いことも、その証拠と言えるかもしれません。**幸福度の低い中年層は、今の時期さえクリアすれば、あっさりバラ色の老後を送れる**ということです。さながら「不幸の正体見たり枯れ尾花」といったところでしょう。

そこで問題は、では誰が「**不幸の正体**」を見破ってくれるのか。世の中には、多数の啓蒙書・啓発書の類《たぐい》があります。ものの見方や考え方を改めるという意味ではおおいに参考になるでしょう。しかし若い人ならともかく、知恵も経験も豊富な中高年ともなると、表面的な言葉だけでは納得できません。もっと根拠や理屈や権威を求めたくなるのではないでしょうか。

その観点で最適と思われるテキストが、本書で読み解いていく**バートランド・ラッセルの『幸福論』**なのです。

Bertrand Russell 1957

幸福とは「獲得」すべきもの

ラッセルは二〇世紀後半まで活躍したイギリスの哲学者・数学者です。

二〇世紀の知性の中でも傑出した存在で、特に論理学者としては「アリストテレス以来」とも評されています。けっして研究室に籠もるタイプではなく、常に社会に対して積極的に発言してきました。一九五〇年にはそうした著作群が評価され、ノーベル文学者を受賞しています。

それに、徹底的な平和主義者でもありました。米ソによる冷戦構造の中、双方の核実験が本格化しはじめた一九五五年には、自らが提唱して「ラッセル＝アインシュタイン宣言」を発表します。これは、アインシュタインをはじめ当時第一級の科学者一一名の署名を集め、核廃絶と科学技術の平和利用を訴えたものです。ちなみにこの一一名の中には、湯川秀樹博士も含まれています。

第一次世界大戦中には反戦運動を繰り広げ、八〇代末の一九六一年にはイギリスの核実験に対して抗議行動を行い、それぞれ逮捕・投獄されています。いかに精力的に活動していたかがわかるでしょう。

またプライベートでは、生涯四度の結婚をしています。最後に結婚したのは八〇歳のときでした。亡くなったのは一九七〇年、九七歳の長寿を全うしています。

『幸福論』が書かれたのは一九三〇年、ラッセルが五八歳のときです。当時のたいへんなベストセラーになりました。当時は、ちょうど世界恐慌の真っ只中です。打ちひしがれ、絶望している多くの人が、この一冊に救いを求めたのかもしれません。後のノーベル文学賞受賞の契機となった作品の一つと考えていいでしょう。

バートランド・アーサー・ウィリアム・ラッセル略年譜
(Bertrand Arthur William Russell, 1872-1970)

1872年	5月18日生まれ。
1890年	ケンブリッジのトリニティ・カレッジ入学。
1910-13年	ホワイトヘッドとの共著『プリンキピア・マテマティカ』(3巻)を著す。
1916年	平和運動、婦人解放運動に熱中したため、ケンブリッジ大学を解任される。
1918年	平和運動に身を投じ、投獄される。
1920年	労働党代表団とともに革命後のロシアを訪問。
1921年	日本を訪問。
1930年	『幸福論』(The Conquest of Happiness)を著す。
1938年	3度目の夫人と共にアメリカ合衆国へ移住。
1944年	イギリスに帰国。
1950年	ノーベル文学賞受賞。
1955年	「ラッセル＝アインシュタイン宣言」を発表。
1961年	百人委員会を結成。2度目の入獄。
1970年	97歳で逝去。

原題は『The Conquest of Happiness』、つまり「幸福の獲得」です。そのタイトルが示すとおり、幸福とは舞い降りるものではなく、自らつかみ取るものであるということが大前提。それも、けっして「やればできる」式の精神論ではありません。また奇抜な論を展開しているわけでもありません。さすがに当代一流の科学者らしく、**前半で不幸とは何かを詳細に分析し、後半で幸福をつかむための道筋を提示しています。**

その一つ一つの話は非常にムダなく整理され、かつ実践的。だから強烈な説得力を持っています。しかも、学者然とした堅苦しさは微塵《みじん》も感じさせません。硬軟さまざまな例や比喩を繰り出しながら、ユーモアを交えて論を展開していきます。時代は九〇年ほど違いますが、人間が悩んだり苦しんだり、幸福を求めたりする気持ちはまったく変わらないことがよくわかります。

私が初めてラッセルを知ったのは、高校生のとき。英文の参考書として名高い『英文標準問題精講』（原仙作著、旺文社）の中に、ラッセルの一文が掲載されていたのです。その英文の美しさやわかりやすさに魅了され、さらに読んでみようと手に取ったのが『The Conquest of Happiness』でした。

こちらも非常に整理された英文で、読むだけでラッセルの頭のよさが自分の脳にコピーされるのではと錯覚したほどです。それはちょうど、書道の達人に自分の手を握ってもらって字を書いているような、手取り足取り「こうすればいいんだよ」と教えてもらっているような感覚です。

当時から四〇年以上を経て、私もそれなりに人生経験を積んできましたが、あらためて読み直しても印象はまったく変わりません。やはり一文一文に「まったくそのとおり」と首肯せざるを得ないのです。それだけものの見方・考え方が核心を衝いているということでしょう。

そんな**『幸福論』だからこそ、現代日本の中高年層が少なからず抱く不幸感を払拭できる**のではないか、よく見たら「枯れ尾花」であることを教えてくれるのではないか。それが本書を書こうと思った最大の動機です。

最も時代にマッチした「幸福論」

今からおよそ二四〇〇年前、かのアリストテレスが人間の「最高善」として掲げたのが「幸福」でした。当たり前の話ですが、すべての人間は幸福を目指して生きているということです。

以来、多くの哲学者や宗教家などによって、無数の「幸福論」が展開されてきました。その中でも、とりわけ有名な「**三大幸福論**」と呼ばれるものがあります。ラッセルの『幸福論』、一九世紀スイスの法律家・文筆家**カール・ヒルティの『幸福論』**（一八九一年）、そして一九世紀から二〇世紀にかけて活躍したフランスの教育者・哲学者**アラン（本名はエミール＝オーギュスト・シャルティエ）の『幸福論』**（一九二五年）です。

このうちヒルティの『幸福論』は、キリスト教の精神に則ったもので、内省的な幸福

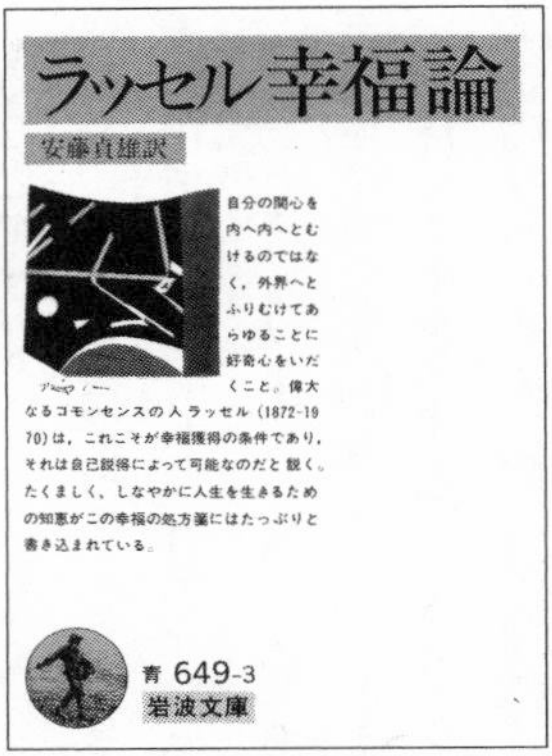

『ラッセル幸福論』（岩波文庫）

を追求しています。どんな境遇でも自分をしっかり持っていれば、いつか報われるときが来ると訴えています。

またアランの『幸福論』は、ある種の精神論が軸です。人間は放っておくと悲観主義に陥るので、常に意図的に上機嫌を保とう、楽観主義で行こうと訴えます。

そして**ラッセルの『幸福論』が説くのは、自分の内面を掘り下げるのではなく、関心を外部に向けようということ**です。言い換えるなら、不満や不安の元となる自我を、目線を変えることで抑えようということでもあります。このあたりが非常に実践的かつ実用的なところで、特に現代の中高年層の日常や社会問題に当てはめて考えやすい。だから本書ではラッセルに特化してみたわけです。

そして何より、先述のとおりラッセル自身が九七歳という長寿でした。それも「静かな老後」とはほど遠く、生涯ずっと社会と深く関わり続けた人生でした。**ラッセル自身も「年齢を重ねるごとに幸福になった」と述べています。**幸福だったから健康だったのか、健康だったから幸福だったのか、因果関係はわかりませんが、相関関係があることは間違いないでしょう。これから**ますます高齢化社会に直面する私たちにとって、ラッセルの生き方・考え方はおおいに参考になる**はずです。

それに「**二〇世紀最高の知性**」と評されるほどなので、その論理はきわめて明快。それを知ること自体が、絡まった紐がスルッとほどけるような快感をともなうはずです。そして快感を得られたとすれば、それは「二〇世紀最高の知性」と自分の脳が共鳴したことを意味すると言っていいでしょう。共鳴できるだけの素養を持った自分の脳を、素直に褒めてあげてもいいと思います。

本書の役割は、そんな優れた知性との出会いの場をセッティングすることです。『幸福論』を適宜現代風に読み替え、解説し、今すぐ実用化できるように工夫してみました。まずは肩肘張らず、理路整然と語る英国紳士との〝相席〟を、存分に楽しんでいただければと思います。

1章

「幸福」になる環境は整っている！

幸福は、ちょっとした出会いから

動物園にいる動物は幸福か不幸か。こんなことを考えたことはあるでしょうか。天敵から完全に守られ、食餌をはじめ身の回りの世話はすべて人間がやってくれる。いわば上客か王様のように扱われるわけで、これほど幸福な生涯はないかもしれません。しかし一方、一生檻の外には出られません。天敵に狙われない代わりに、人間の目に終始晒され、自由がない。当の本人たちは、そんな日常をどう思っているのか。

おそらく正解は、「どうも思っていない」でしょう。そもそも動物は、幸福も不幸も感じないからです。もちろん野生の動物もペットのイヌやネコも同じこと。置かれた環境がどうであれ、適応して必死に生きています。言い換えるなら、幸福だの不幸だのという概念を持っているのは人間だけなのです。

やや唐突感のある話題だったかもしれませんね。実は、『幸福論』の冒頭に登場するのがこの話なのでした。〈動物は、健康で、食べる物が十分にあるかぎり幸福である。人間も当然そうだと思われるのだが、現代世界ではそうではない〉と書き出しています。

私たちの多くは、とりあえず飢えで苦しんでいません。医療の発達により、健康なまま長寿を全うできるようにもなっています。動物の観点で見れば、相当程度の幸福が確保されているはずです。

ところが現実には、不幸を感じている人が少なくありません。理由の一つは「人間だから」。端的に言えば、脳が発達した分、いろいろ考え過ぎてしまうのです。むしろ何か不幸のネタを見つけなければ不安になるかのようです。

それに対し、ラッセルはまず同書を貫く回答を提示しています。自身の過去を振り返り、**不幸の大きな要因は「退屈」である**と説いているのです。五歳のとき、七〇歳まで生きるとすれば一四分の一しか経過していないことになり、〈ほとんど耐えがたいものに思われた〉とのこと。ずいぶんませた少年だったようですが、その延長線上で、思春期には自殺することばかり考えていたそうです。

しかし数学という学問に出会い、もっと探求したいとの思いから生への希望を見出します。以来、年齢を重ねるごとに、日常が楽しくなったと述べています。それは自分が望んでいるものを一つ一つ発見し、獲得していくプロセスだったから。たしかに年齢とともに知識や経験が増えれば、興味・感心を持てるものに出会う可能性も高まります。この観点に立てば、高齢化が進む日本にはたいへんな朗報でしょう。

言い換えるなら、私たちは**ちょっとしたきっかけや出会いで幸福になる**ということです。幸福な人が増えれば、社会全体が明るくなるはずです。

「あきらめ」で身軽になれる

そしてもう一つ、年齢を重ねるごとに幸福を嚙み締めている理由を、〈望んでいるもののいくつかを、本質的に獲得不可能なものとして上手に捨ててしまったことによる〉と述べています。これも簡単そうですが、案外難しいかもしれません。

例えば、中高年層になってなお「モテたい」という願望を持っていたとします。そのために諸般の努力を重ねることはおおいにけっこうですが、一般的には女性から敬遠される年代なので、かなり茨《いばら》の道であることは間違いありません。ここは時流に逆らわず、きっぱりあきらめたほうがずっと楽になれるはずです。

ただし、そうはわかっていてもあきらめ切れないかもしれません。唯一最大の処方箋は、やはり**他のものに目線を向ける**ことでしょう。例えば釣りを始めたとしたら、もう容姿も話術も関係なくなります。スポーツや学問、楽器なども同様。こういうものに関心を移すことで、できることとできないことを峻別するのが大事だと思います。

考えてみれば、私たちは子どものころからずっと多くのことをあきらめ続けてきました。スポーツ選手やパイロットになるという夢を早々にあきらめ、大学進学や就職でも思うようにはいかず、いつまでも若いつもりでいたのに、いつの間にか年齢を重ねて中高年と呼ばれるようになってしまいました。

しかし、そこに後悔があるかといえば、必ずしもそうではないでしょう。社会的にも、家庭でも、大人になるほど「自分」にばかりこだわっていられないからです。ラッセルも、〈次第に私は、自分自身と自分の欠点に無関心になることを学んだ〉と振り返っています。良かれ悪しかれ外界に関心が移ると、相対的に自分自身への関心は薄らぎます。それでいいのではないか、というわけです。

世間では、しばしば「自分さがし」とか「自分に正直に」といった言葉が聞かれます。あるいは特に日本人の場合、「自分は他人からどう見られているか」をかなり気にする傾向があります。「モテたい」もその延長線上で、要は自分自身にばかり関心を寄せているわけです。これらはたいてい悩みを増幅させ、自己嫌悪に陥るだけです。

しかしラッセルの発想はまったく逆。**自分のことなど放っておけばいい**というスタンスです。それより**外界に面白いもの（こと）は無数にあり、そこに意識を向けることで**

幸福感を得られると訴えているわけです。

もちろん、外界が幸福に満ち満ちているわけではありません。大きく見れば社会問題は数知れず、また自分の周囲にも大小さまざまな諍《いさか》いや軋轢《あつれき》があるはずです。また追求して失敗したり、あきらめたりしたものも多々あると思います。しかしラッセルは、〈この種の苦しみは、自己嫌悪からわき出てくる苦しみと違って、生の本質的な部分まで打ちくだくことはない〉としています。たしかにそのとおりでしょう。

むしろ〈ほかの方法では治しようもないくらい、どっぷり自己に没頭している不幸な人びとにとっては、外的な訓練こそ幸福に至る唯一の道なのだ〉とも。**内側から外側への視点の転換**を促しているわけですが、これが『幸福論』で何度も繰り返される最大の主張です。

なぜ教養人ほど「不機嫌」なのか

昭和時代の名著に『不機嫌の時代』（山崎正和著、講談社学術文庫）があります。夏目漱石や森鷗外など明治以降の文豪の作品を俎上に載せ、いずれにも共通するのは「不機嫌」であると看破。そこから、近代化へ邁進する当時の日本社会が抱えていた不安や鬱屈感を解き明かしていきます。

若いころ、私はこれを読んでたいへん感銘を受けた覚えがあります。一冊の全体像を端的に表現したこのタイトルがまたすばらしい。時代の空気感を切り取る批評とは、こういう作品だと思います。

ただ不機嫌を隠さないことは、周囲の人がその不機嫌さを受け止めたということでもあります。それはけっして楽しいことではなく、むしろ迷惑だったはず。社会情勢もさることながら、自らが周囲に不幸を撒《ま》き散らしていたと言えなくもありません。

だいたい明治以降の日本にかぎらず、知識人や教養人と呼ばれる人は、いつの時代・どこの地域でも概して不機嫌なペシミスト（悲観主義者）だったようです。ラッセルは皮肉を込めて、〈彼らは自分の不幸を誇りとしている〉〈不幸こそが教養ある人のとるべき唯一の態度である〉と述べています。要するに、能天気に明るいと賢そうに見えないということでしょう。

しかし私の知るかぎり、**高度な教養を身につけることと、上機嫌を維持することは両立可能**です。そういう立派な方も数多くいます。むしろ今日では、インテリゲンチャのペシミストのほうが時代遅れではないでしょうか。

そもそもなぜ、教養人とペシミストは親和性が高いのか。根本的な問題は、なまじ知識や情報が豊富で理解力が高いため、世の中をすべて見切ったような気になってしまうことだと思います。高邁《こうまい》な理想を掲げるものの、現実とのギャップに直面し、「自分はいったい何のために生きているのか」と虚しさを覚えるわけです。

ラッセルも、〈私自身も、いっさいは空であると感じるような気分を何度も経験した〉と述べています。しかし、〈そんな気分から脱出しえたのは、何かの哲学によってではなく、どうしても行動を起こさなければならない必要に迫られたから〉。例えば子どもが病気になれば、「いっさいは空である」などと言っている場合ではありません。ただちに子どもを連れて病院へ走るはずです。

つまり、**頭で考えるよりアクションを起こして社会と関わること**。これが悲観、つまり不幸という思い込みから脱する大きなコツなのです。

特に中高年層になると、世の中のことをいろいろわかったような気になりがちです。それを「面白い」と感じられればいいのですが、「虚しい」「辛い」と捉えてしまうこともある。もし後者なら、世の中を見る視野がまだまだ狭いだけだと考え直してみてはいかがでしょうか。

今は不機嫌になる理由がない

実際、今は不機嫌になるような時代でしょうか。

ラッセルは、虚しさを感じやすい理由として、物質的な豊かさを挙げています。〈いっさいは空であるという感情は、自然の欲求があまりにもたやすく満たされるところから生まれる感情〉とのこと。ある意味で幸福すぎて、そのため幸福に気づきにくくなっているのかもしれません。

これは、現代に生きる私たちのほうがもっと当てはまるでしょう。例えば私が大学生のころまで、好きな音楽を好きなときに聴きたければＬＰレコードを買うのが当たり前でした。しかし一枚はけっこう高いので、友人とお金を出し合って買ったりしたものです。

しかし今や、いわゆる「サブスクリプション」による定額聴き放題のサービスが複数あります。月々数百円程度の出費で、一生かかっても聴き切れないほどの曲を自由に聴くことができる。正直なところ、一曲を聴く喜びやありがたみは、レコード一枚を買うか買わないか迷っていたころのほうがずっと大きかったと思います。映画や本も同様で、サブスクによって無尽蔵に見たり読んだりできます。

では今が当時より不幸かといえば、まったく違います。昔のほうがよかったとは、誰も思わないでしょう。**問題は、そういう幸福な環境に気づいていないこと**です。せっかくサブスクのサービスを利用していながら、結局同じアルバムばかり聴いていたとしたら、たしかに気づきにくいかもしれません。

ラッセルは〈ほしいものをいくつか持っていないことこそ、幸福の不可欠の要素である〉と述べています。これを少し現代風にアレンジするなら、**欲しいものをいくらでも探せる環境だからこそ、貪欲に探し回ることが幸福の要素**と言えるかもしれません。

音楽も、映画も、本も、世界中で日々生産し続けられています。その中には、きっと自分の好みに合ったり、知らなかった世界に誘《いざな》ったりしてくれるものもあるはずです。

しかしそれは、自ら探し続けなければ出会えません。そして探し続けること自体に幸福を感じられるなら、今日ほど幸福度の高い時代はないと言えるのではないでしょうか。

しかも昨今のサービスは、あるジャンルやアーティストを偏愛していると、関連するコンテンツを自動的に推奨してくれます。そのアルゴリズムの中身がどうなっているかは知りませんが、サブスクなら利用しない手はありません。結果的に好みの世界が広がれば、その分楽しみも膨らみます。

また、生きていく上で欠かせない「食」についても、とりあえず日本で暮らしているかぎり、当面は心配なさそうです。「飽食の時代」と呼ばれたのはずいぶん昔ですが、多くの人は相変わらず食べたいものを食べたいだけ、しかも比較的安価で食べられます。ラッセル流に言えば、この恵まれ過ぎた環境も、かえって幸福を感じにくくさせているのかもしれません。〈格別強い欲望を感じていないものをやすやすと入手できる人は、欲望を達成したって幸福はもたらされない、と結論する〉と述べています。生の根源である食の不安がほぼないから、そのありがたさに気づかず、つい虚しいとか無意味だとか余計なことを考えてしまうのでしょう。

そこで**おすすめなのが、ダイエット**。成功する人はなかなかいませんが、一度試してみると、食のありがたさがわかるはずです。かつて私も「炭水化物抜きダイエット」を実践したとき、炭水化物がいかに美味しいかを再確認できました。昭和を生きてきた私にとって、米、小麦など炭水化物は常に食卓の要です。すき焼きを食べるにしても、白米は不可欠。それを減らすことは、かなりの一大決心でした。

その欠乏感が、やや大げさに言えば生への活力になりました。例えば昼食は炭水化物を抜いて夕食に白米を少しだけ食べると、その美味しさに感動を覚えます。生産者をはじめ、流通や販売に携わった方々に感謝しなければという気になるし、これで明日もがんばろうという気にもなれる。もはや不機嫌になる要素はありません。幸福は、ごく身近なところにも転がっているものです。

いずれにせよ、私たちは恵まれ過ぎた環境を「当たり前」としか感じなくなっている恐れがあります。**幸福を実感するには、何か生活で努力や苦労する部分があったほうがいい。**ダイエットもいいですが、例えば身体を鍛えるとか、習いごとを始めるとか、身体を使って**「自分には足りないものがある」と感じる瞬間があると、それを克服したいという意欲が湧いてきます。それが幸福への第一歩**ではないでしょうか。

考える前に、身体のエネルギーを注ぎ込むような活動を

ラッセルはもう一つ、ペシミズムに陥りやすい原因を挙げています。それが戦争、貧困、暴力です。たしかにこれらに見舞われたら、誰でも上機嫌ではいられないでしょう。

例えば鎌倉時代に書かれた随筆に、鴨長明の『方丈記』があります。「ゆく川のながれは絶えずして、しかももとの水にあらず」という有名な書き出しに象徴されるように、

全編を貫くのは無常観です。

なぜ鴨長明はこういう心境に至ったのか。それは平安時代末期、居住していた平安京が大火、竜巻、地震、飢饉など大きな災害に相次いで見舞われたからです。この間には平清盛による福原（現在の神戸市）への遷都もありましたが、半年も経たないうち失敗し、平安京へふたたび遷都するという事態もありました。またこの後、日本は公家社会から武家社会へ、平家から源氏へ、京都から鎌倉へという大転換期を迎えたことは周知のとおりです。

こういう混沌とした時代だったので、ペシミズムを信奉したくなるのも無理からぬところでしょう。仏教の世界で、釈迦の教えが弱くなって世が乱れるとする「末法思想」が流行したのも、ちょうどこのころです。

では現代はどうか。もちろん世界にも日本にも大小さまざまな問題を抱えています。しかし少なくとも日本だけを見れば、とりあえず戦争状態ではありません。貧困問題はあるにせよ、総じてまだ豊かなので、政策的に解決は可能でしょう。また幾度も大きな震災や天災に見舞われてきましたが、その都度、復興をなし遂げてきました。あるいは犯罪も後を絶ちませんが、国家権力が国民に対して何かを強制したり暴力を振るったりする状態ではない。

つまり客観的に見るかぎり、今の日本はけっして深刻な状態ではありません。しばしば「不透明な時代」「混迷の時代」などと形容されますが、これらはいつの時代にも多かれ少なかれ当てはまります。少なくとも、アメリカと戦争を始めようかという時代に比べれば、今はずっと視界良好であるような気がします。

それでもなおペシミズムが幅を利かせるとすれば、それは外的ではなく内的な要因かもしれません。要するに、気分の問題だと考え直したほうがいいのではないでしょうか。ラッセルが生きた時代には二つの世界大戦があり、さらに第二次世界大戦後のイギリスは戦勝国でありながら、「イギリス病」と呼ばれるほど長くて厳しい不況に苦しめられました。

それでもラッセルは、〈悲劇を書くためには、人は悲劇を感じなければならない。悲劇を感じるためには、人は自分が生きている世界を、頭ばかりではなく血と肉をもって知っていなければならない〉と説いています。何ごとも体感しなければ、実態は見えてこないということでしょう。

さらに、虚無的になっている若者に言いたいとして、以下のように訴えています。

〈ものを書こうとするのをやめて、それよりも、書かないように努めてみたまえ。世の中へ出ていき、海賊なり、ボルネオの王様なり、ソビエト・ロシアの労働者なりになってみることだ。基本的な身体の要求を満足させることで君のエネルギーの全部が費やされるといった、そういう生活に飛びこんでみることだ〉。

これは、たいへん優れたアドバイスだと思います。**あれこれ考える前に、身体のエネルギーをすべて注ぎ込むような活動に飛び込んでみなさい**、ということです。世の中を知ったようなつもりでいる中高年にとっても、無縁な話ではありません。

例えばゴルフは不思議なスポーツで、好きな人はとことんのめり込みますが、嫌いな人はスポーツとしてさえ認めないところがあります。では後者の人びとにゴルフをプレーした経験があるかといえば、ないのにイメージだけで語っている場合がほとんどでしょう。いわば食わず嫌いです。こういう人にかぎって、打ちっぱなしに行くだけですっかりハマってしまったりするものです。

因習的な「酒席文化」は時代遅れに

また身近なところを見渡しても、集団や上下関係より個人がずいぶん尊重される社会になったように思います。例えば、アルコールにまつわる習慣もその一つです。

今でも「お酒さえ飲めれば幸せ」という人は少なくないでしょう。たしかにお酒は気を大きくさせてくれるし、日常の嫌なことも忘れさせてくれる。憂さ晴らしとして、真っ先に思い浮かぶのがお酒でしょう。

しかしラッセルは、お酒に対してかなり否定的です。〈泥酔は、一時的な自殺行為〉であり、〈酒のもたらす幸福は、単に消極的なもので、不幸の瞬間的な停止にほかならない〉とのこと。たしかに、飲むことで状況が変わるわけではありません。とはいえ、ささやかな嗜好の一つとして飲む程度ならいいような気もします。このあたりは個人差の問題でしょう。

ただし重要な視点は、自分がお酒を好きか否かではなく、自分が**お酒に愛されているか否か**。私自身に関して言うと、かつて二〇～三〇代のころはかなりの酒好きでした。酒席は明るいし、コミュニケーションがアグレッシブになるからです。

しかし、しだいに疑問を持つようになります。多く飲んだ翌日は当然ながら二日酔いで身体の状態が悪いし、アグレッシブな会話も酔いが覚めてみれば冷や汗が出るような内容だったりします。自分はいったい何のために飲んでいたのか、と思うようになったわけです。

その結果、私はお酒から愛されていないことに気づいたのです。要するにそれほど強くないし、無理をして飲んでもロクなことはない。酒好きだった父親の血を引いていると思い込んでいたのですが、下戸の母親のDNAのほうが強かったようです。

そう気づいた四五歳以降、私は飲酒をピタリと止めました。それから一五年を経た今日まで、まったく支障はありません。飲まずにいられないこともないし、当然ながら二日酔いで悩まされることもなくなりました。

本題はここから。なぜ若いときの私は、愛されてもいないお酒とつき合い続けたのか。それは、**因習的な酒席文化**があったからです。一九八〇～九〇年代は、学生もビジネスパーソン（当時の言葉でいえば、〝サラリーマン〟ですが……）もことあるごとに居酒屋に集まって飲むのが当たり前でした。「酒席に誘われてこそ組織の一員」「取引先と飲んでこそ一人前」といった具合です。もちろん、酒席こそ生きがいという人もいたでしょうが、そういうタイプばかりではなかったはずです。

たとえお酒に強くなくても、退社後まで上司の顔を見たくなくても、参加しなければ「つき合いが悪い」「和を乱している」などと批判される。それでは日ごろのコミュニケーションにも支障をきたす恐れがあるため、参加せざるを得なかったわけです。

しかし昨今、こういう酒席文化はずいぶん衰退してきたようです。そもそも「会社の飲み会」というものが減りました。あったとしても、行きたい人だけ参加すればいいというスタンスが定着してきました。若い人でも堂々と断れるようになったわけです。

それに参加しても、飲めない人、飲みたくない人は最初から「烏龍茶で」と言えるようになりました。「場がシラける」と文句を言われたり、一滴でも強要されたりしたら、たちまち〝アルハラ〟案件です。

そう考えると、今はずいぶん生きやすい時代になったような気がします。LGBTQへの認知の広がりに象徴されるように、多様性を認め合う社会になりつつある。つまり、以前は我慢していたことについて、もうその必要がなくなったということです。それだけでも、社会の幸福度はかなり上がったのではなでしょうか。

中高年にとっても同じこと。老後を充実させるために、我慢して人間関係を維持するとか、無理やり何かを新たに始めるとか、焦って動く必要はありません。**人それぞれの過ごし方があっていい**というのが、令和のスタンスだと思います。

ストレスの元凶「競争」から降りる

ところで、ストレスの一因としてしばしば取り上げられるのが「競争」でしょう。たしかに受験勉強に始まり、就職試験、出世競争、ライバル企業との競争、人によってはマイホームやクルマを競う場合もあると思います。勝つのは大変だし、負ければ悔しいし、心の休まる場がないかもしれません。

しかし、こうした見方にラッセルは異を唱えます。現代人が戦っているのは生きるか死ぬかの生存競争ではなく、〈成功のための競争にほかならない〉というわけです。〈この競争に参加しているとき、人びとが恐れているのは、あすの朝食にありつけないのではないか、ということではなくて、隣近所の人たちを追い越すことができないのではないか、ということである〉。必要に迫られて競争を強いられているというより、見栄や世間体のために進んで競争に参加しているのではないか、というわけです。

人類の歴史を振り返れば、その大半は採集狩猟生活でした。集団を作って女性は採集、男性は狩猟に従事し、子どもは高齢者が面倒を見て、収穫を全員で分けるという共存共栄の暮らしを長く続けてきたわけです。

それは、彼らが公平・平等の意識を持っていたというより、食糧の安全保障上最も合理的だったからでしょう。もし競争で食糧を奪い合い、強い者だけが独占するような社会だったとしたら、人類はとうの昔に絶滅していたはずです。

今から一〇年ほど前、NHKスペシャルの「病の起源」というシリーズで、うつ病が取り上げられたことがありました。それによると、今でも採集狩猟で平等に分配する生活を送っているアフリカのある部族は、うつ病とまったく無縁なのだそうです。食糧の供給自体はけっして安定的ではないと思いますが、余計な競争がない分、ストレスも感じにくいのでしょう。

さて日本の中高年の場合も、彼らとはまったく逆の意味で、そろそろ競争のない社会に生きることは可能かもしれません。先にも述べましたが、よほどのことがないかぎり、まず飢えることはありません。健康のため、または財布との相談で食べたいものを我慢することはあるにせよ、食糧自体は豊富にあります。

それに、私たちの多くは家族単位であり、集団では暮らしていません。隣近所との関係も、親戚縁者とのつき合いも希薄になりつつあります。同じマンションの駐車場に高級車が駐まっていても、別に何とも思わないでしょう。つまり、平等に分配されることがない代わりに、張り合う必要もない。また職場での競争にしても、中高年になればだいたい先が見えています。今さらジタバタしても始まらない、ということが多いのではないでしょうか。

だとすれば、**もはや参加すべき競争は残っていません。そう考えれば、かなり気楽になれるはず**です。

情報取得は質・量ともに〝王侯貴族〟並み

食べることに困らなくなったとすれば、現代人が次に求めるものは情報だと思います。新聞やテレビのニュースに加え、仕事に関わる情報、興味のある分野の新製品や新サービス情報、近所の飲食店の情報、それにメールやLINE等のSNSでのやりとりなど、私たちは朝起きてから夜寝るまでずっと情報に触れています。情報が入らなくなるとたちまち不安になるという、もはや〝**情報中毒**〟と言ってもいいかもしれません。コロナ禍で行動が制限され、この傾向はより強くなった感があります。ほとんど情報が「主食」なのです。

そういう社会に呼応するように、情報の価格もどんどん下落するかもしくは無料になっています。新聞・雑誌のヘッドラインぐらいは無料で読めるし、かつては貴重だった古典文学の多くも「青空文庫」なら無料です。あるいは先に述べたとおり、安価なサブスクのサービスもいろいろ登場しています。

つまり**情報を食糧になぞらえるなら、誰もが王侯貴族のような酒池肉林の中で暮らしているわけ**です。これほど幸福な時代は、前代未聞だと思います。

一部では、いわゆる「デジタル・デバイド（情報格差）」の問題も取り沙汰されています。パソコンやスマホを使える人はいくらでも情報を得られるが、使えなければ取り残されるというわけです。

ただこれは、さほどリアリティのある問題とは思えません。総務省の調査によれば、二〇二〇年時点の「モバイル端末全体（携帯電話・PHS・スマホ）」の世帯保有率は九六・八％。またスマホなら八六・八％、パソコンは七〇・一％などとなっています。ほとんどの家庭に通信機器は普及しているわけです。

格差が生じるとすれば、検索の上手・下手で欲しい情報を得るまでの時間に差がつく程度でしょう。しかしそれも、日常的に使っていれば勘どころがわかってくるはずです。

むしろ問題なのは、特に若い人を中心に、「スマホ以外は何もいらない」という発想が広がっていることです。特に食に困ることもなく、次に大事な情報取得も、またSN

Sを通じたコミュニケーションも自在にできるとなれば、もうそれで満たされてしまう。クルマもいらないし、ブランド品を持つ必要もないし、したがってガツガツ働いて稼ぐ理由もない。要するに「物欲」が減退しているわけです。

もともと**日本は、「お金持ちが尊敬されない国」**と言われます。だからお金持ちになりたいという願望も薄い。今の若い人は、そこに拍車がかかっているように見えます。「出世したい」「社長になりたい」というより、ワーク・ライフ・バランスを重視したいという人が増えているようです。管理職になって時間的にも責任という意味でも負担を強いられるぐらいなら、多少給料が安いままでも気楽なほうがいい、というわけです。

個人的に余計な競争や軋轢《あつれき》を招かないという意味では、きわめて平和な時代が到来したと言えるでしょう。しかし国際社会における日本という観点で考えれば、無競争ではいられません。ここに、今風の不幸の芽があるような気がします。

懸念は、社会の地盤沈下と競争の板挟み

昨今は日本でも「格差」の問題がクローズアップされるようになりました。格差自体は以前からありましたが、重要なのは日本全体が世界経済の中で地盤沈下を起こしてい

ることです。

よく言われることですが、ここ三〇年にわたり、日本人の平均給与はほとんど変わっていません。一方で諸外国は先進国も新興国も軒並み伸びているので、相対的に日本人は貧しくなっているわけです。「一億総中流」と呼ばれたのも遠い昔で、今は一部の富裕層と没落しつつある中間層・貧困層に二極化している状況です。

これはある意味では当然で、例えば労働時間だけを見ても、全体的には以前に比べてずいぶん短くなっています。さらには週休二日制から三日制にシフトしようという意見もあるようです。つまり、概して**働かない社会になっている**わけです。

代わりに時間当たりの労働生産性が向上しているのであれば喜ばしいですが、そういう話はあまり聞きません。ただでさえ生産性が低いと言われている中で、さらに時間まで減らしたらどうなるのか。

もちろん、まだ飢えるほど貧しいわけではないし、スマホやパソコンの通信費に苦労するほどでもないでしょう。しかしただでさえ少子高齢化が進行する中、さらに給料が増えず、消費が伸びず、したがって企業の売り上げが伸びず、ひいては日本経済が低成長を続ければ、一部を除いてますます貧しくなるだけです。

だから企業としては、生き残りをかけて競争の世界に留まる必要がある。個人の思惑がどうであれ、社員であれば今まで以上に厳しい競争を強いられるわけです。

企業の模索は、以前から始まっています。年功序列から成果主義への移行もその一つでしょう。年功序列は旧来型の慣習としてしばしば批判の対象になりますが、けっして悪い面ばかりではありません。能力や労力や成果とはほぼ無関係に、勤めた年数で給料や肩書が決まる。これは、年長者なら無条件に敬うという儒教的な価値観とも合うので、納得感があります。公務員や大学教員が典型ですが、おかげで誰もが穏やかで安定した精神を保ちやすいのです。

一方、成果主義の名の下に年功序列を廃止し、年俸制や給与査定を取り入れた企業も少なくありません。それがモチベーションのアップにつながっている例もあるでしょうが、逆に評価基準をめぐって不公平感を生んだり、会社への忠誠心を下げてしまったりするケースも少なくないようです。とにかく成果を出さなければいけないとか、後輩に先を越されたくないとか、そのために査定する上司に気を使わなければいけないという意味では、競争心を煽られることは間違いありません。

ラッセルが描写する**競争の弊害は、競争自体が人生の目的と化してワーカホリックに**

なり、その他の余暇や芸術や家庭生活などをいっさい楽しめなくなることです。往年の名画『ウォール街』でチャーリー・シーンが演じた証券マンや、マイケル・ダグラスが演じた強欲な投資銀行経営者を思い浮かべればわかりやすいでしょう。

日本では、ここまでガツガツした人は滅多にいないと思います。先述のとおり、むしろおいしい食事とスマホがあり、人並みの暮らしができれば十分という人が多い印象です。それでも社会全体の地盤沈下を少しでも抑えるため、競争の渦の中に巻き込まれるとすれば、悲劇性は一段と増します。

競争の果てに何が待っているか

ラッセルはまた、競争の刺激を癒やすのはさらに強い刺激であると警告を発し、以下のように述べています。

〈競争は絶えず加速されるにきまっているので、その当然の結末は、薬物に頼り、健康を害することになるだろう。これに対する治療法は、バランスのとれた人生の理想の中に、健全で、静かな楽しみの果たす役割を認めることにある〉

日本で薬物が蔓延しているとは思いたくないところですが、その代わり、ストレスからアルコール依存やギャンブル依存に走るケースもあると思います。

仕事で興奮した神経は、興奮が落ち着くとひどく退屈します。だから興奮を維持するために、強力な刺激を求めるようになる。それも節度を守れれば何ら問題はありませんが、依存症が恐ろしいのは、しだいにエスカレートして生活や家計まで破壊してしまうことです。あるいは過労死やうつの発症などが後を絶たないのも、その反動かもしれません。これは個々人の資質の問題というより、そこへ追い込んでしまう社会の問題として捉えるべきでしょう。

さて中高年層の多くは、もはやワーカホリックの時代は過ぎたと思います。その意味では、無理やり競争社会に巻き込まれたり、依存症に陥ったりする可能性は低いかもしれません。また相応の貯蓄があれば、地盤沈下の被害も当面は回避できるはずです。しかし、自分の子どもや孫の世代がそういう危機に直面しているということを、認識しておく必要があります。

ここまで述べてきたように、現状の日本はおおむね幸福そのもの。物質的には豊かで、現役を引退後も楽しもうと思えばいろいろ楽しめます。ストレスの元だった「○○ハラ」もどんどん排除され、全体が優しい社会になりつつあります。

しかしそれほど**恵まれた社会であるがゆえに、純粋培養的な弱さも併せ持っている**かもしれません。些細なことで幸福感がガラガラと崩れたり、内向きになって自己嫌悪に陥ったりということもあり得ます。

だからこそ、**中高年層が人生の先輩として範を示す必要がある**。内側に籠もるのではなく、それぞれ社会に関心を持ち続け、多様な幸福のあり方を見せることができれば、それは若い人をも元気にするはずです。

では何が人間を幸福に導くのか。次章以降で、ラッセルの論考をさらに詳しく読み解いていくことにします。

2章

「退屈」が人生を豊かにする

「興奮」「刺激」が諸悪の元

前章の末尾で述べたように、私たちがしばしば競争に駆り立てられるのは、そこに興奮があるからです。興奮はある種の麻薬のようなもので、喜びであれ、怒りであれ、生きていることを実感できる。だから常に興奮を求めようとするわけです。

その対極にあるのが「退屈」。何もすることがない時間・空間を、私たちは極端に嫌います。退屈を避けるために興奮を求めている、とも言えるでしょう。まして仕事の第一線を退き、急に増えたプライベートな時間にやることがないとなると、恐怖すら覚えるかもしれません。しかし、実はその発想自体がさらなる恐怖を生むということを、考えたことがあるでしょうか。

ラッセルはこのあたりを看破し、〈退屈の反対は快楽ではなく、興奮である〉と述べています。その歴史は、狩猟時代まで遡るとのこと。狩猟そのものが興奮に満ちていて、さらには戦争や求愛にも興奮がともないます。それが日々のモチベーションになったというわけです。

ちなみに今日、手軽に興奮できるものといえばゲームがありますが、英語の「game」

には「獲物」「獣の肉」といった意味もあります。後世にさまざまに考案されたゲームもスポーツも、狩猟や戦争を模したものと考えれば合点がいくと思います。

以前、あるゲームクリエイターの方から伺った話によると、「適度に興奮する要素を入れるのがコツ」なのだそうです。それによってゲームの世界に没入させ、なおかつ勝つために課金しようと思わせるらしい。

もちろん適度に遊ぶ分にはまったく問題ありませんが、借金してまで過大に課金する「ソシャゲ廃人」のような一群を生み出していることも周知のとおり。いかに「興奮」が恐ろしいかがよくわかります。

それはともかく、ラッセルによれば〈しかし、農業の発達とともに、生活は退屈なものになりはじめた〉。たしかにそのとおりかもしれません。食糧の安定確保とムラの形成と規則正しい労働や生活には大きく貢献しましたが、さすがに狩猟ほどのスリルは味わえないでしょう。

その挙げ句、中世において冬場のムラの退屈さを紛らわせるために、ある種のスポーツとして編み出されたのが「魔女狩り」の習慣だったと説いています。これは、キリスト教信者の間で、特定の誰かを、悪魔と契約して周囲に災いをもたらす「魔女」（女性とはかぎらない〉と決めつけ、投獄、拷問、処刑などの迫害を加えるというものです。またその拷問や処刑そのものが、ある種の〝見世物〟でした。日本人にはあまり馴染みがないかもしれませんが、これによる犠牲者は数万人とも一〇万人超とも言われています。もちろん魔女が実在したわけではなく、一種の集団ヒステリーの状態だったようです。

この原因が「退屈しのぎ」だったとすれば、たいへん恐ろしい話でしょう。表向きは魔女を成敗して社会を守るという正義感に燃えつつ、本当のところは興奮を得たいためだった。おそらく**ふだんは善良な市民が、簡単に魔女狩りのような発想に至ったという意味では、私たちもけっして無縁ではありません。**

しかもラッセルによれば、興奮に際限はないとのこと。〈結局、前の晩が楽しければ楽しいほど、翌朝は退屈になる〉としています。だから満足することなく、もっともっととより強烈な興奮を求めるようになる。〈戦争、虐殺、迫害は、すべて退屈からの逃避の一部であった〉〈人類の罪の少なくとも半分は、退屈を逃れることに起因している〉とまで言い切っています。

こういう指摘は、かなり珍しいのではないでしょうか。日常的にある「退屈」と、非日常の典型である「戦争」や「犯罪」とが結びつくとは、私たちはあまり考えないはずです。このあたりが、ラッセルの炯眼《けいがん》の最たるものと言えるでしょう。

世界の偉人にはかならず「退屈」な時期があった

ただし、ラッセルは退屈を完全に悪と見なしているわけではありません。退屈には、大きく二種類あるとしています。一つは〈実を結ばせる退屈〉、もう一つは〈人を無気力にする退屈〉です。私たちが目指すべきは前者であることは、言うまでもありません。

前提は、退屈な時間を受け入れるということです。常に刺激を求めるのではなく、その時間に何かやることがあればいい。周囲からは暇を持て余しているように見えても、自分自身で充実していると感じられれば、それで十分でしょう。

例えば勉強にしろ、何かの練習にしろ、だいたい単調で退屈なものです。しかしその時間を経なければ、成果を出すことはできません。これが〈実を結ばせる退屈〉ということです。だから、〈退屈に耐える力をある程度持っていることは、幸福な生活にとって不可欠〉とも述べています。

さらに面白いのはここから。〈偉大な本は、おしなべて退屈な部分を含んでいる〉として、『旧約聖書』をはじめ、『コーラン』『論語』『資本論』を俎上に載せます。いずれも世界の人類史を象徴するベストセラー・ロングセラーですが、必ずしも最初から最後まで興奮や刺激に満ちているわけではありません。現代の編集者が原稿段階で読んでいたら、相当程度カットするまで本にはしないだろう、とまで述べています。

しかし、**退屈な部分も含めて名著とされているわけです。そこに知の厚みがあるから、後世まで読み継がれたのです。**もしそこがカットされていたら、歴史に残ることはなかったかもしれません。

またその延長線上で、偉人の生涯にも言及します。ここで取り上げるのはソクラテスにカント、ダーウィン、そしてマルクス。いずれも一時的に賑やかな時期を過ごしたが、人生の大半は退屈で穏やかだったとしています。

これはある意味で当然かもしれません。〈偉大な事業は、粘り強い仕事なしに達成されるものではない〉からです。困難な仕事を成し遂げるにはたいへんな労力が必要で、刺激や興奮を求めるエネルギーは残されない。だから結果的に静かな生活になる、というわけです。

もちろん、〈実を結ばせる退屈〉な日々は、偉人たちの専売特許ではありません。私たちもまた、偉人ほどの作品を残せるかどうかは別として、退屈な時間の充実した使い方をそれぞれに模索する必要があります。

一つ、ラッセルがヒントのように挙げているのは、私たち全員が〈《大地》の子〉であるということです。

〈私たちの生は《大地》の生の一部であって、動植物と同じように、そこから栄養を引き出している。《大地》の生のリズムはゆったりとしている〉。まさにそのとおりでしょう。日の出から日没までにしても、四季にしても、地球にはゆったりしたリズムがあり、人間を含めたあらゆる生物はそれに適応して今日に至っています。

だとすれば、そのリズムに合わせて生きることが最も心地よいはず。もちろん仕事柄難しい場合もありますが、「二四時間眠らない」と称されるような都会での生活が心身にいいとは思えません。

いかにして〈実を結ばせる退屈〉を手に入れるか、**まず太陽や季節を感じることから始めてみてはいかがでしょう**。例えば『車輪の下』などの名作で知られるドイツの文豪ヘルマン・ヘッセのエッセイ集に、『**庭仕事の愉しみ**』（**草思社文庫**）があります。タイトルどおり、自宅の庭で作業をすること、花や木を育てることがどれほど楽しいかを、細かい描写とともに情熱的に綴っています。〈《大地》の子〉を実感するのに、これほど適した時間の使い方はないでしょう。

あるいは自室に観葉植物を一つ置いておくだけでも、気分は変わるかもしれません。当たり前の話ですが、植物は退屈を知りません。そのゆったりした時間軸と静かな生命力を感じることができれば、興奮気味の自分の感情も鎮められるのではないでしょうか。

〈大地〉を実感していますか？

ラッセルは、〈幸福な生活は、おおむね、静かな生活でなければならない。なぜなら、静けさの雰囲気の中でのみ、真の喜びが息づいていられるからである〉と述べています。

たしかに私自身、静岡で過ごした子ども時代を振り返ってみると、まさに〈《大地》の子〉のような生活だったと思います。持っている玩具といえば、ほぼ積み木のみ。まったく刺激も興奮もありませんが、飽きもせず角が丸くなるほど遊んだものです。

あるいは将棋もよく指しましたが、まったくヘボ将棋のままで成長を実感することもなく、ただ静かに「勝った」「負けた」と一喜一憂するだけでした。もちろん、プロ棋士の世界になると激烈な知的興奮に満ちているはずですが、そのようなものを微塵も感じたことはありません。

また一九六〇年代当時の静岡のテレビ局は、民放一局とＮＨＫのみ。それだけ娯楽も刺激も少なかったわけですが、特に退屈したという印象はありません。むしろ必然的に全員がほぼ同じ番組を見ることになるので、学校で誰とでも番組の話ができるというメリットがありました。

いずれにせよ、今に比べればずいぶんのんびりしていたように思います。これは私のみならず、昭和に地方で育った人なら共通して持つイメージではないでしょうか。

あるいは私の子育て時代を振り返ってみても、どちらかといえば動物というより植物を育てる感覚に近かったように思います。日々の成長にはなかなか気づきにくいのですが、一年経ってみると、一年前よりずいぶん大きくなっていることに驚く。そう実感されている方は多いのではないでしょうか。

その間、**刺激が必要とばかりに毎日違う環境に植え替えたりしていたら、育つはずのものも育ちません。それよりも、〈大地〉から適度な栄養をゆっくり吸収してもらうほうが、よほど大事**なのです。

ついでに言えば、私は二〇代前半で研究者の道を選んだとき、これで〈実を結ばせる退屈〉を実践できるという感覚がありました。テーマは「身体論」や「呼吸法」などでしたが、研究の日々は単調そのもの。社会とまったく接点がないし、誰も褒めてくれません。要するに静かな日々でした。しかしそういう日常だったからこそ、**退屈に耐える免疫力**が養われた気がします。

研究者としての姿勢は、今も変わりません。むしろ**退屈な時間がなければ、じっくり物事に没頭できない**。これは研究者のみならず、人生後半を充実させたいと考える人が行き着く結論だと思います。

なぜ自然体験ブームなのか

よく「都会は刺激的、一方で田舎は退屈」と言われます。だから若い人ほど地方から都会に出たがり、地方の過疎化・高齢化は深刻になるばかりという構図があります。

その傾向は今も変わらないようですが、一部では変化も見られます。コロナ禍を機に在宅ワークが増えたことにより、都会から地方へ引っ越す人が現れたこともその一つ。毎日通勤する必要がないのなら、より安い家賃で広い家に住みたい、子育てを考えてももう少し自然環境が豊かなほうがいい、といったところでしょう。

また昨今は、キャンプやトレッキングといった自然体験もブームになっているようです。これも、都会の喧騒を離れて自然に癒やされたい、自分の手足で大地に触れたいという意識の現れだと思います。

つまり、私たちはそろそろ**「刺激的な都会」の限界**に気づきはじめたのかもしれません。たしかに斬新な店は多いし、連日連夜どこかで何かのイベントが開かれています。それらを訪れるたびにさまざまな刺激を受けるでしょう。しかしテンポが早すぎて、じっくり考える間もなく次々と刺激に晒されているような気もします。はたしてそれが本当に幸福な状況なのか、疑問を持つのも当然でしょう。

あるいはタワーマンションといえば、いかにも都会の勝者の住む場所というイメージがあります。しかし上階であるほど、〈大地〉からは遠ざかります。文字どおり地に足がついていないように感じるのではないでしょうか。

だから都会暮らしで刺激を受ける一方、その反動で、退屈な田舎暮らしへの憧憬のようなものも芽生えているのかもしれません。では、ずっと地方で暮らせば幸せかというと、それも違う気がします。要はバランスの問題で、両方を行き来できることが最も理想的な解であるのかもしれません。

例えば私の友人は、少し前にそれまでの都心暮らしを引き払い、鎌倉に移住しました。大好きなサーフィンを満喫するためです。六〇歳になってこれからの人生を考えたとき、かねてからの憧れを実現するなら今しかないと思ったそうです。

ただし仕事はそのまま。通勤はずいぶん遠くなりましたが、在宅ワークが可能なので、毎日通うことはないらしい。一方で近くに海があり、砂浜があり、青空があり、いつでもサーフィンができる環境は最高とのこと。

こういう生活は、たしかに理想像に近いでしょう。コロナ禍を経験したことで、今後は都会と距離を置く生活を目指す人が増えるかもしれません。選択肢が増えたという意味で、これはたいへん幸せなことだと思います。

温泉で〈大地〉の恵みを享受

移住までは難しくても、生活の中でときどき〈大地〉を感じることは重要でしょう。**自分の「大地量」を増やすよう、日々の中で工夫してみるといい**と思います。

最も手っ取り早いのが**散歩**。私は飼い犬とともに一時間ほど歩くことを日課にしていますが、これが心身ともにいい。時間はゆっくり流れるし、〈大地〉はもちろん日光や風の音も感じることができます。

私はたまにトレーニング・ジムにも行きます。必死に取り組んで大量の汗をかくので、体力・筋力の増進には役立っているはずです。しかし、何かもの足りない。おそらくそれは、「大地量」が欠けているからでしょう。外の空気を吸い、地面を踏みしめる心地よさがないのです。

その点、犬の散歩は両方をクリアしています。よく言われることですが、日光を浴びることはビタミンDの生成につながります。また歩行は足腰を鍛えます。つまり両方合わせると骨粗鬆症《こつそしょうしょう》の予防にもなる。人生後半をできるだけ健康に過ごす上で、たいへん心強い味方になるはずです。

それに飼い主どうしというのは、それだけの共通点で会話が成り立ちます。同じく犬を連れて散歩している人と、すれ違いざまに二言三言の言葉を交わすだけで、ちょっと心が豊かになったような気になれます。

あるいは**ベランダを活用する**手もあります。昨今はベランダ菜園やベランダガーデニングのための用具がいろいろ充実しています。それだけ関心が高いということでしょう。たしかに自宅とはいえ屋外なので、太陽も風も感じることができます。植物とともに生きることで、ゆったりした時間の感覚も得られると思います。

もう少し時間的余裕があるなら、**旅行**もいいでしょう。コロナ禍で移動できない日々を体験しただけに、状況が落ち着いたら精力的に各地を訪ね歩いてもいいのではないでしょうか。

私は講演で全国各地を飛び回っていますが、日帰りにするか一泊するかは、近くに温泉があるかどうかで判断することにしています。**温泉こそ、〈大地〉のエネルギーの象徴**です。機会があれば浴さない手はありません。

まして日本は火山国なので、津々浦々で温泉が湧いています。おかげで地震が多いというデメリットもありますが、その代わりに温泉という楽しみを提供してくれたと開き直るしかないでしょう。

まして露天風呂であれば、味覚以外のすべての感覚を動員して〈大地〉の恵みを感じることができます。その際の弛緩《しかん》感が強いほど、日々の都会的な生活に疲れている証拠です。快感もひとしおのことでしょう。

なお温泉にかぎった話ではありませんが、東北大学加齢医学研究所などの最近の調査によると、旅行に頻繁に出かける人ほど「拡散的好奇心」が強く、主観的幸福度が高く、認知症にもなりにくいそうです。

人間には三種類の好奇心があり、このうち「世の中のことを何でも知りたい」というのが「拡散的好奇心」。それをベースにして、「ある分野について深く知りたい」という「知的好奇心」や、「ある人の感情や意見をもっと知りたい」という「共感的好奇心」が芽生えるそうです。つまり「拡散的好奇心」とは、人間の生の根源とも言えるでしょう。

旅行で脳が若々しく保てるなら、もう出かけない手はありません。それも観光地をあくせく回って刺激を求めるのではなく、退屈をしのぐ程度にのんびり回るほうがいい。そして一日の締めにゆっくり温泉にでも浸かれれば、もう未来永劫にわたって生き長らえるような心地になるのではないでしょうか。

「読書」という行為自体が幸せ

「退屈しのぎ」は外部に求めるのが一番。しかしインドアでもできることはあります。その最たる例が読書でしょう。

場所も時間も選ばないし、止めたければいつでも止められる。適度な知的興奮がありながら、映像のような生々しさはない。しかも一生かかっても読み切れないほど、あらゆる分野に複数の選択肢がある。これほど便利な〝低刺激ツール〟はなかなかありません。

それに、著者本人から話を聞くより、本のほうが都合がいい。例えばニーチェの大著『ツァラトゥストラ』は静かな興奮を含む歴史的なベストセラーですが、もしニーチェ本人が目の前でその内容を語り出したとしたら、かなり鬱陶しいと思います。

マルクスやドストエフスキーや太宰治なども同様。人としてつき合った場合、おそらく刺激は強いですが、けっして気持ちのいい相手ではないかもしれません。その稀有な思想や卓越したストーリーテラーとしての能力が本というパッケージに閉じ込められているから、私たちは安心してつき合うことができるわけです。

そしてもう一つ、当然ながらどれほど読んでも無害です。私はこれまで、おそらく一万冊以上は読んできたと思いますが、頭がおかしくなったと周囲から言われたことはないし、その自覚もありません。

その代わり、常に本を読まずにいられないという、ある種の〝中毒〟には陥ります。一人の作家の作品に感動したり、何かの知識を得たりしたら、もっと広く深く知りたいと思うのがふつうだからです。それは、低刺激をずっと受け続けること、それに退屈をいっさい恐れる必要がないことを意味します。時間が空いたら手元の本を開けばいい、という感覚です。

私はその心強さを、コロナ禍における緊急事態宣言中にあらためて実感しました。外出がままならなくなっても、別にそれを恐ろしいとか不便だとは感じなかったのです。なぜなら、その時間を読書に充てればいいと思ったから。むしろ、いつか読もうと思いながら後回しになっていた本を繙《ひもと》くチャンスだと捉えたほどです。

もちろん、読書は私の専売特許ではありません。老若男女、誰でも今すぐ始められるはずです。そして読み続けた結果として、誰とでも話ができるようになる。それが教養というものでしょう。**読書とは、教養の畑を耕し続けるようなものなのです。これほど優れた「退屈しのぎ」を、放っておく手はありません。**実際にふだん読んでいる人なら、この感覚は十分にわかると思います。

ところが昨今、しばしば日本人の「読書離れ」が指摘されます。例えば学生生活実態調査によると、ここ数年、まったく本を読まない大学生がほぼ五〇％に達しています。社会人より時間はあるはずなのに、また課題図書もあるはずなのに、いったい何をしているのかとも思いますが、これが実態なのです。

学生時代に読む習慣を身につけなければ、社会に出て忙しくなるともっと本から遠ざかるでしょう。このまま本を読まない人が増えてしまうことは、個人としてはきわめてもったいないし、知識・教養のレベルが下がるという意味では、社会全体としてもたいへんな損失だと思います。

逆に言えば、現時点で読書が習慣化している人は、その時点で幸福に向けた下駄を一つ履いていると捉えることもできます。退屈の恐怖から逃れられるという意味では、一生分の幸福が約束されていると言ってもいいかもしれません。

しかも、本の知識を吸収して脳や心が豊かになれば、さらに別の本も読みたくなる。このサイクルに入ることができれば、もはや世の中など恐るるに足らず、という心境に達するのではないでしょうか。実りある静かな生活というものは、本さえあれば案外簡単に手に入るのです。

快適な読書環境を探してみよう

ただし中高年層にとって、読書にまつわる唯一の心配は老眼でしょう。私もひと昔前の文庫本など、活字が非常に小さいのでなかなか読みにくくなっています。

こういうときは、無理して読んでも疲れるだけ。今は代替手段がいろいろあります。例えば岩波文庫の場合、その一部についてはサイズがひと回り大きい「**ワイド版**」も出ています。

また、かつて中央公論社（現中央公論新社）が手掛けていた『**世界の名著**』『**日本の名著**』も国家的財産と思えるほどすばらしいシリーズですが、やはり昔の本なので活字が小さい上に上下二段組。老眼にはなかなか厳しいものがあります。

しかし昨今は、新書版の「中公クラシックス」シリーズとして再発行されています。これなら活字が比較的大きく、ずいぶん読みやすくなっています。

この二社にかぎらず、最近は各出版社とも、活字を大きく、行間を広くする傾向があります。「活字離れ」の若い人に威圧感を与えないためであるとともに、主要ターゲットである中高年向けの配慮でもあるのでしょう。

そして何より、昨今は電子書籍が当たり前になりつつあります。特に大手出版社の場合、新刊の段階から紙版と電子版を同時に出すことは珍しくないし、過去の本もあらためて電子版として刊行したりしています。

その一番のメリットは、「読みたい」と思った次の瞬間に読めること、二番目は、いくら買っても書棚の場所を取らないこと、そして三番目は、活字のサイズを自由に調整できることだと思います。

スマホで読むのもいいですが、私が特に中高年に推奨したいのは**iPad**、できればより大判の**iPad Pro**を使うこと。これなら活字をかなり大きくできる上、表示の範囲も大きいので、ページをめくる煩わしさも軽減されます。使い方も簡単なので、むしろ中高年向けの機器という気さえします。いささか高価ではありますが、電子書籍以外にも新聞の電子版やメール、YouTubeなど仕事でもプライベートでも使い道はいろいろあるので、持っていて損はないと思います。もちろんスマートフォンも便利ですが、画面が小さくて読みにくい思いをしている方も多いはず。iPad Proならそのストレスがないし、ギリギリ持ち歩けます。

ちなみに本を読む習慣を身につけたいなら、そのための最適な環境を探してみる手もあります。例えば私の場合、三〇分でも時間が空けば**喫茶店やカフェ**に入ることにしています。イヤホンで好きな音楽を聴き、コーヒーの香りや苦味を楽しみながら、持参した本を開く。本の質感も含めれば、**五感のすべてを「好きなものだけ」で満たす**わけです。これが私にとって至福の時間で、一日に二度、三度と入ることもあります。

　では人里離れた山小屋や、あるいは都会でもカラオケボックスに一人で籠って周囲を「好きなものだけ」で固めれば幸せかといえば、それは少し違います。人間とはわがままなもので、一人にはなりたいが、周囲に誰もいないのは寂しい。その点、喫茶店やカフェなら、店員さんも含めて常に周囲に人がいます。その**適度な社会性・公共性の中にいることで、ある種の安心感を得られるの**です。

　喫茶店やカフェにかぎった話ではありません。人それぞれ、近所の公園でも寝る前のベッドの上でもいいのですが、読書に特化した空間・時間を持っていると、いい気分転換になるし、それを楽しみに一日がんばれるようになります。読書できること自体が幸せで、そこから物語の世界に入ったり知識を得たりする楽しみも合わせれば、一石三鳥といったところではないでしょうか。

それでも「退屈」なら映画で埋め尽くせ

　退屈を埋められるのは、本だけではありません。昨今は「テレビ離れ」も進行中ですが、私は昔も今もけっこう好きです。

　まず見逃さないのがスポーツ中継全般とスポーツニュース。それから連続ドラマもワンクールで一本は見るし、お笑い番組もいろいろ見ています。昨今はレコーダーも高機能で、ＢＳ放送も含めて過去二週間分の全番組を自動的に録画してくれていたりします。これで話題の番組、放送後に気づいた番組でも見逃すことはありません。言い換えるなら、**見たい番組を見たいときに見ることができる。ひと昔前には考えられなかった視聴方法が可能**になっているわけです。

加えて、複数のオンラインサービスやＢＳ放送による映画も一日一本のペースで見ています。見ようと思って買ったまま見ていないＤＶＤも山のようにあります。もちろん話題の新作を映画館で見ることもあります。

映画は世界中で日々大量に作られ、日本にも少なからず入ってきます。もちろん邦画もあります。仮に新作ばかりをずっと見続けたとしても、いつか追いつけなくなるでしょう。

それに、サイレントやモノクロのような古い映画も、けっして捨てたものではありません。例えばヒッチコック監督の作品など、結末まで知っているはずなのに、何度見ても惹き込まれます。けっしてＳＦＸなどでは出せない、あの手作り感が郷愁や親近感を誘うのです。あるいはチャップリンや黒澤明監督の作品も同様。名作と呼ばれるような作品は、見るたびに何か発見できたりするものです。もちろんそれ以降、八〇～九〇年代や二一世紀にも、傑作と呼ばれる作品は多数生み出されてきました。

つまり私たちは、**古今東西の膨大な映像コンテンツに囲まれて暮らしている**わけです。これからの人生のすべての時間を捧げたとしても、なお見切れないでしょう。しかも特に大きな労力もコストもかけず、自宅のテレビやスマホ、ｉＰａｄ等で自分の都合のいい時間に好きなだけ見ることができる。**これほど恵まれた環境は、もちろん人類史上初**です。

ここまで、戦争や犯罪のような災禍の根本には、人間の「退屈」を過度に恐れる気持ちがあるというラッセルの炯眼をもとに話を進めてきました。対極にある「刺激」や「興奮」を求めるあまり、いつの間にかさらなる恐怖を自ら招いてしまっているわけです。

しかし多くの賢人の生涯やその著作が象徴するように、人類の進歩は「退屈」の中にこそありました。ゆっくり心を落ち着けることで、初めて深い洞察や思索が可能になったのです。

つまり、「退屈」を恐れる必要はない。私たちの生涯が人類の進歩に貢献できるかどうかは別として、時間の使い道はいくらでもあります。動植物を見習って〈大地〉を感じる生活をしてみるのも一つ。読書に充てるのも一つ。

しかし自然より都会が好き、本は嫌いという人もいるでしょう。それなら、「退屈」と感じそうな時間を膨大な映像コンテンツで埋めてみるのも一つの手です。活字を追うよりずっと楽だし、どれだけ見ても尽きないことは先に述べたとおりです。

それは単なる娯楽、または典型的な暇つぶしではないかと思う人もいるでしょうが、そうではありません。例えば往年のヒッチコック作品や黒澤明作品を大量に見て人に語れるほどになれば、それはもう立派な教養だと思います。あるいは最新の映画を見るために映画館を回ったり、そのレビューをネット上に投稿したりすることは、ささやかながらもある種の文化貢献でしょう。

そして何より、楽しいはずです。見れば見るほど見たくなるのは、本と同じ。映画を含めた映像コンテンツを見たいだけ見ることができるという幸福を、私たちはあらためて嚙みしめてもいいかもしれません。

3章 私たちはなぜ疲れているのか

現代人の「疲れ」は神経に由来

「お疲れさま」が挨拶になるほど、私たちは日常的に疲れています。疲れていれば、幸福感など望むべくもありません。では**疲れをゼロにはできなくても、せめて軽減できないか**——これはラッセルにとっても大きなテーマでした。

一連のコロナ禍は日本の社会・経済にたいへんなダメージをもたらしましたが、あえてプラス面を探すとすれば、前章でも触れたように、在宅ワークが一気に普及したことかもしれません。もちろん職種によりますが、毎日全員が顔を揃えなくても仕事はできる。自宅で作業したほうが案外はかどる。そういうことに初めて気づいた人も多いでしょう。

そして何より大きなメリットは、〝通勤地獄〟から解放されたことだと思います。満員電車に揺られ、出社するだけで疲れ果ててしまう現象は、多くのビジネスパーソンにとって共通の悩みだったはず。それがなくなっただけでも、一日の疲れ方はまるで違うと思います。

実はラッセルが生きた時代にも、すでに電車通勤は苦痛だったようです。〈進歩した社会において最も深刻な疲れは、神経の疲れである〉と看破した上で、なぜ通勤中に疲れるのかを解き明かしています。

理由の一つとして挙げているのが騒音。そしてもう一つが〈知らない人がいつもそばにいること〉。その理屈には、なかなか説得力があります。

〈人間の自然な本能は、自分の種に属する見知らぬ者をいちいち吟味して、その人に味方としてふるまうべきか、敵としてふるまうべきかを決めにかかることである〉として、しかし電車の中ではその本能を抑圧しなければならないため、そのストレスから〈漠然とした、全般的な憤りをおぼえるようになる〉と説いています。思い当たるフシがある方は、多いのではないでしょうか。

私たちが通勤で疲れるのは、体力不足や気力不足が原因ではなかったのです。また肉体的な疲れなら心地いい場合もありますが、神経の疲れとなると気分まで落ち込みます。その状態で幸福を感じることはまずないでしょう。しかも本能に由来するとすれば、解決は容易ではありません。逆に言えば、**なるべく神経の疲れに巻き込まれないようにすることが幸福への道**ということです。

コロナ禍は何度かの波が落ち着くたびに、出勤型の働き方に戻る動きもあるようです。

それにもいろいろ理由はあるでしょうが、在宅ワークのメリットを失ってしまうのももったいない。「疲れ方」も判断材料に加えて、在宅ワークか出勤かを判断するのが賢明でしょう。

ただ定年退職後の雇用延長制度を利用しているような高齢者の場合、さすがにラッシュアワーに揉まれて定時出社する割合は減ると思います。通勤するにしても、もっと早朝もしくは遅い午前に出社するとか、夕方よりも早く退社するというケースが多いのではないでしょうか。あるいは在宅ワークを継続できればなお可。いずれにせよ、その時点で神経の疲れの要素をある程度は取り除けるわけで、現役世代より幸福へ一歩近づけることになります。

ムダな心配が多すぎないか

以上を踏まえて、ラッセルの「疲れ」への論考はさらに深化します。

まず〈疲れは大部分、心配からきている〉と提示。言われてみれば、そうかもしれません。心配とは、要するに自分の力だけではどうしようもないこと、他者の思惑や社会の情勢しだいのことを指します。だから悩ましいわけですが、それに対するラッセルの答えは明快です。

〈賢い人が心配ごとについて考えるのは、考えることが何かの役に立つ場合に限られる〉。**何の解決にもつながらない心配は、無駄だから止めよう**というわけです。

例えば寝る前に、自分は部下から嫌われているとか、次の人事異動で同期より上に立てるかどうかとか、あるいは取引先は納期を守ってくれるかとか、悩み出したらキリがありません。しかも結論の出る話ではないので、堂々巡りを繰り返しながらどんどんネガティブな発想に陥りがちです。そうした負のスパイラルを遮断することができれば、多くの心配ごとから解放されるはず。つまり疲れの元と無縁になれるわけです。

とは言うものの、それができれば苦労はしない、と反論したくなるところでしょう。もちろん、ラッセルはいくつかの処方箋を提示しています。基本は〈きちんとした精神を養う〉ことが大事だそうで、具体的には〈四六時中、不十分に考えるのでなくて、考えるべきときに十分に考える〉と説いています。

〈困難な、あるいはやっかいな結論を出さなければならないときには、すべてのデータが集まり次第、その問題をよくよく考え抜いた上、決断を下すがよい。決断した以上は、何か新しい事実が出てきた場合を除いて、修正してはならない〉とありますが、このあたりは〝できるビジネスパーソン〟のノウハウとしてもそのまま当てはまりそうです。

ここまで割り切る、もしくは開き直ることができれば、たしかに心配の多くは消えるかもしれません。〈優柔不断くらい心身を疲れさせるものはないし、これほど不毛なものもない〉とも断言しています。

悩みや心配というほどではありませんが、ふつうに生きているだけで、私たちは日常的に細かな選択を迫られます。どの服を着て出かけるか、昼に何を食べるか、あれを今買うべきか、もう少し先送りすべきか等々。それ自体が楽しみという人もいるでしょうが、他にもっと考えるべきことがあって煩わしいと感じている人もいると思います。そういうときこそ、ラッセルの提示を思い出してみてはいかがでしょう。

例えば、かのスティーブ・ジョブズがイッセイミヤケの黒のタートルネックのセーターばかり大量に持っていたことは有名です。毎日何を着るか考えることが面倒だったからだそうですが、未来を考えることで手一杯だったであろうジョブズにそう言われると、非常に説得力があります。

ここまでやるのは極端としても、**日常の中で考えなくても済むものをいろいろ揃えてみてもいい**と思います。特に中高年になれば、衣類のバリエーションをそう多く持つ必要もないでしょう。昼食ぐらいはむしろバラエティ豊かなほうがいいと思いますが、何かを買うと決めたら最高級のものを選ぶとか、行きつけの理容室を決めるとか、毎日の入浴時間を一定にする等々が挙げられます。とりあえず固定していっさい考えないことにすると、一日の疲れ方はずいぶん変わってくるかもしれません。

どんな失敗も、宇宙規模で見れば大したことはない

とはいえ現実において、悩みや心配のタネは尽きません。端的に言えば、仕事できちんと成果を出せるのか、失敗したらどうなるのか、他にもっといい方法があるのではないか等々、考えないビジネスパーソンはほとんどいないでしょう。組織で重責を担っているとすれば、なおさらです。

もちろん、ラッセルもそういう経験をしています。高名な知識人だったため、講演を依頼されることも多々。しかし緊張してうまく話せず、終わるとどっと疲れるのが常だったそうです。〈いつも講演をする前に足の一本も折れてくれればいい、と思った〉ほど。

しかし、やがて考え方を改めます。講演の出来がどうであれ、〈どのみち宇宙に大き

な変化はない〉と自分に言い聞かせるようになったのです。これを言い出せば人類のあらゆる言動が当てはまりますが、たしかにそのとおりでしょう。

以来、緊張がほとんど消滅し、落ち着いて話せるようになったそうです。講演後の疲れからも解放されたことは、言うまでもありません。この経験を踏まえて、ラッセルは以下のように説いています。

〈私たちのすることは、私たちが当然考えているほど重要なものではない。成功も失敗も、結局、あまり大したことではない。大きな悲しみだって乗り越えることができる。これで一生涯、幸福に終止符を打つにちがいないと思われるような悩みごとも、時がたつにつれて薄らいで、ついには、その痛切さを思い出すことさえほとんどできなくなる〉

仮に仕事で大失敗したとしても、多くの場合、その影響は限定的でしょう。もちろん周囲に迷惑をかけることもありますが、たいていはリカバリーが可能です。長期的に見ればおそらく大勢に影響はありません。宇宙規模で見ればなおさらです。

もちろん手抜きをしていいという話ではありません。**宇宙規模ぐらい巨視的にものごとを捉えれば、肩の力を抜いて取り組める。結果的にうまく行く可能性が高くなるし、**

余計なストレスを溜め込まずに済むということです。

言い換えるなら、**自我を肥大化させず、むしろ宇宙のほんの一部と見なす**ということです。その上で、宇宙の大きさに意識を向け、そこに希望を抱くことができれば、自分の小さな悩みや心配など吹き飛ぶ。要するに**自分の内側より外側に目を向けよう**というわけで、これは『幸福論』を貫く基本的なメッセージでもあります。

実際、これは誰もが経験していることでしょう。家の中でじっとしていると、ものごとを悪いほうに悪いほうにと考えて、だんだん鬱々としてくることがあります。そういうときは、外に出て散歩でもしたほうがすっきりします。あるいは本でも映画でも音楽でもスポーツでも、外部から刺激を得ると膨らんだ自我からとりあえず意識を逸らすことができます。だから人生に芸術は欠かせないとも言えます。

ワーカホリックから抜け出すために

ただし、これはある意味で諸刃の剣でもあります。ラッセルによれば、〈人間疲れれば疲れるほど、仕事をやめることができなくなる〉とのこと。これも心当たりがある人は多いでしょう。

私たちの疲れの多くは仕事に由来します。それは肉体的な疲れというより、人間関係や気遣いによる神経の疲れだと思います。それを紛らわすために最も手っ取り早いのが、やはり仕事に没入すること。自分が仕事を休めば周囲に迷惑がかかることに加え、自分自身が空いた時間に余計なことを考え、ますます不安や心配が募るようになる。だから簡単には休めないし、休みたくない。いわゆるワーカホリックになりやすいのです。

その対策としてあらためて展開しているのが、前述の〈考えるべきときに十分に考える〉という方法です。さらに、ここではもう一歩踏み込んで、「意識」と「無意識」について言及しています。

心理学の世界において、無意識が意識に影響を及ぼしているという説明がよくされます。いくら「ダイエットしたい」と意識しても、「もっと食べたい」という無意識にはなかなか勝てないものです。あるいは意識の上では「この仕事を早く終わらせなくては」と焦りつつ、実際にはなかなかはかどらないのは、無意識で「休みたい」「逃げたい」という思いが強いからかもしれません。

ならば逆に、意識から無意識に影響を及ぼすことはできないか。ラッセルはそれを可能と考えました。例えば何か重要な仕事があるとき、それについて数時間から数日間だけ徹底的かつ集中的に取り組んだ後、〈この仕事を地下で続けよ〉と自らに命令するそうです。

そうすると、〈何か月かたって、そのトピックに意識的に立ち返ってみると、その仕事はすでに終わっているのを発見する〉と述べています。これが本当なら、たしかに労力は限定されるので、疲れも軽減されそうです。しかしそんなに都合よくいくのか、という気もするでしょう。

私なりに解釈すると、まず徹底的に考え抜くことで、底の〝浅さ〟がわかる。大失敗した際に何が起きるかも想定するはずなので、それによって無意識の領域を落ち着かせることができるのです。

そしてもう一つ、その仕事に関する知識・情報の核が脳内に蓄積されるので、無意識のうちに外部の新しい知識・情報に対する感度が上がり、迅速・正確に吸収しやすくなる。結果として多大な労力やストレスをかけることなく、正しい判断を下しやすくなるのではないでしょうか。

〈最悪の事態〉を想定すると……

これは仕事のみならず、多くの悩みや心配への対処法でもあるとラッセルは説いています。まず取り組むべきは、やはり**悩みのタネを徹底的に直視し、「最悪の事態」を想定すること**。そうすると、〈最後には、自分の悩みごとがすっかり消えて、そのかわりに、一種うきうきした気分が生まれていることを発見するだろう〉とまで述べています。

例えば、中年層にとって大きな心配といえばリストラがあります。あるいは会社そのものが倒産してしまう可能性もゼロではありません。いずれにせよ職を失うわけで、できるだけ想像したくないところです。

では、そこをあえて直視して〈最悪の事態〉を想定するとどうなるか。当面の生活費をどう手当てするか、今の住まいに居続けられるか、再就職先は見つかりそうか、いざとなったら誰に頼れるか等々、考えるべきことは山のようにあると思います。その一つ一つに自分なりの答えを探っていくと、案外「なんとかなりそう」という結論に達するのではないでしょうか。だいたい、社会保障制度もある程度は整っている今の日本において、急に路頭に迷ったり餓えたりすることは滅多にないと思います。そう理性的に整理することが、先の〈うきうきした気分〉につながるわけです。

この悩みや心配を「恐怖心」と置き換えれば、もっとわかりやすいでしょう。本書の「プロローグ」で紹介した諺「幽霊の正体見たり枯れ尾花」のとおり、幽霊を怖いと感じて見ぬふりをしたり、別の道を通ったりしていると、いつまでも恐怖心は拭えません。いっそ近づいて枯れ尾花であることを確認すれば、恐怖心は一気に霧散するはずです。

そして日々怯えて暮らす必要がなくなれば、疲れも消える。〈恐怖を感じないことを学んだ人は、毎日の生活の疲れがいちじるしく減少することに気づくだろう〉とラッセルは説いています。だから重要なのは、〈理性的に、平静に、しかし大いに思念を集中して、その恐怖がすっかりなじみのものになるまで考えぬくこと〉。それにより、〈なじみのためにこわさが薄らいでくる。その事柄がまるごと退屈なものになり、考えがそこからそれていく〉というわけです。

そこで重要なのは、**恐怖心と向き合う〈勇気〉**であるとしています。ただそれは、一時的な快楽や興奮を求める類の勇気ではありません。それらはかえって神経を疲れさせるだけ。あくまでも外界と接触し、自分の現状を直視するための勇気です。

先人の「死生観」に学べ

基本的に、年齢を重ねるほど悩みや心配は減るものだと思います。経験があるし、それによって得た知恵や知識もある。それにある程度の蓄えもあるし、良かれ悪しかれ将来もだいたい見えています。もちろん個々人にそれぞれ事情はあるでしょうが、概して若いころに比べれば落ち着いているのではないでしょうか。

ただ唯一、高齢になるほど確実に増えるのが、健康もしくは老いにまつわる心配です。若いころからの鍛え方にもよりますが、体力の衰えには抵抗できません。また「人生一〇〇年時代」とはいえ、そろそろ死も視野に入れる必要があります。

そこで問われるのがある種の「**死生観**」です。先のラッセルの言葉どおり〈最悪の事態〉を想定するなら、これこそ究極であることは間違いありませんが、ではそのときに自分はどう備えるのか。

もちろん、少しでも長く健康に生きたいという思いはあるでしょう。しかし、やがて老いて死んでいくことも自然の摂理です。そのときはそのときで「お迎えが来た」と鷹揚に構えられれば、それに越したことはありません。

例えば江戸時代後期に生きた曹洞宗の僧侶・**良寛**は、当時としては珍しく七〇代半ば

（正確な享年は不明）という長寿を全うしました。その少し前、四〇歳も年下の尼僧・貞心尼と出会い、和歌のやりとりを通じて親密になります。
やがて良寛に死期が訪れたとき、貞心尼がそれを嘆いて以下の歌を詠みました。

生き死にの境離れて住む身にもさらぬ別れのあるぞかなしき

それに対し、良寛は、谷木因《たにぼくいん》の句を踏まえた以下の句で応えたと言われています。

うらを見せおもてを見せて散るもみぢ

貞心尼に自分のすべてをさらけ出したので、もう悔いはないということでしょう。自然の摂理を素直に受け入れると、こういう心境に達するのかもしれません。
あるいは幕末に多くの勤王の志士を育てた長州藩士・吉田松陰は、三〇歳（数え年）のときに幕府に処刑されました。さぞかし無念だっただろうという気もしますが、本人は自らの生命を二の次に考えていた節があります。その意気込みは、処刑の前日に記した遺書「留魂録」の冒頭にある、以下の有名な辞世の句からも窺えます。

身はたとひ武蔵の野辺に朽《くち》ぬとも　留置《とどめおか》まし大和魂

松陰にとって最大の関心事は、国防でした。このままでは欧米列強に侵略されるという危機感から、倒幕と国家体制の刷新を構想し、その端緒として幕府要人の暗殺を画策。ところが門人から賛同を得られず、逆に長州藩に捕らえられて幕府に突き出されます。その幕府の評定の場で、松陰は自ら暗殺計画を暴露して死罪となるわけです。

「留魂録」には、人生を四季になぞらえた死生観が綴られています。たとえ一〇歳の生涯でも一〇〇歳の生涯でも、人にはそれぞれ四季があり、〝秋〟には収穫期を迎える。収穫は喜びであり、悲しむ人はいない。自分が稔らせたものが秕（モミガラ）か粟の実かはわからないが、同志にその種子を受け継いでもらいたい、といった具合です。〈意識を宇宙の大きさに向けよ〉というラッセルの主張を、そのまま実践したような生涯だったと言えるでしょう。

ついでにもう一つ、江戸時代中期に鍋島藩士・山本常朝が武士の心得を説いた『葉隠』は、「武士道と云ふは死ぬことと見つけたり」という一文があまりにも有名です。これは、けっして死ぬことを推奨しているわけではありません。毎日死ぬ覚悟を決めて行動すれば、迷いがなくなって気持ちが楽になるし、かえって充実した生き方ができると説いているのです。たしかに死への心配がなくなるとすれば、他に何を恐れる必要があるかという気がします。

いずれにせよ、死はできるだけ直視したくない現実でしょうが、いざ正面から向き合ってみると「枯れ尾花」に見えてくるかもしれません。その覚悟を決めるために、先人たちがかならず迎えた死の場面を振り返ってみるのも一つの方法だと思います。

「嫉妬」は疲れる

神経を疲れさせるものといえばもう一つ、嫉妬があります。

シェイクスピアの四大悲劇の一つ「オセロ」は、嫉妬によってすべてが崩壊していく物語です。「お気をつけください、将軍、嫉妬というものに。それは緑色の目の怪物で、人の心を餌食として弄ぶのです」というセリフが有名ですが、出世の嫉妬と男女の嫉妬を通じて、人間の醜さ、恐ろしさが描かれています。

嫉妬が卑しい感情であることは、誰もが認識しているでしょう。ネガティブな思考が次々と折り重なるばかりで、得られるものは何もなく、結局自分が疲れるだけであることも知っていると思います。できれば持ちたくないものですが、それでも日常の中で嫉妬心に苛《さいな》まれることはよくあります。だからこそ「怪物」なのです。

ラッセルも、〈総じて、普通の人間性の特徴の中で、ねたみが最も不幸なものである〉と言及しています。それは、自分が持っているものから喜びを見出すのではなく、他人が持っているものを奪いたい、他人に災いを与えたいという感情だから。このあたりはおおいに納得できます。

では、それをいかに制御するか。ラッセルはいくつかの処方箋を提案していますが、その一つは、嫉妬の対抗馬として〈賛美の念〉を増やすこと。つまり、**相手をうらやんだり嫌ったりする前に褒めるべき点を探そう**というわけです。

これについては、簡単なトレーニング法があります。例えばテレビ番組であまり好きではないタレントやアーティストを見たとき、「どうしてこんな人が出ているんだ」と思うのではなく、多少無理をしてでも「この発言には共感できる」とか「この曲はいいね」などと好意的に評価してみるのです。そうすると案外、今まで嫌っていた理由がよくわからなくなったりするものです。

実生活でも同じこと。自分より社内で人気のある部下とか、いつの間にか自分より出世した後輩とか、子ども自慢をしてくる同僚とか、世の中に嫉妬のタネは尽きません。そのたびに素直に反応していては、まさに「怪物」になってしまうだけ。だからその前に、なぜ人気があるのか、なぜ早く出世したのか、なぜ子どもが優秀なのかを探求し、正当に評価するよう心がけるわけです。

これは、自分の嫉妬心に区切りをつけるということでもあります。先に述べた「あきらめ」に近いかもしれません。悔しい思いもするでしょうが、やはり宇宙規模で見れば大したことではない。むしろ**誰であれ常に出会う人を賛美する習慣をつければ、日常のストレスは大幅に減るはず**です。

もちろん、賛美されて悪い気のする人はいません。逆に褒め返そうとも思うでしょう。つまりお互いにいい気持ちになって、人間関係も円滑になる。「**賛美は人のためならず**」と考えてもいいのではないでしょうか。

ナポレオンはカエサルを妬んでいたか

ラッセルはまた、〈他人と比較してものを考える習慣は、致命的な習慣である〉とも述べています。これも日常的によくある光景でしょう。

例えば夏休みに家族を連れて熱海に行ったとき、隣の一家がハワイ旅行に出かけていたとしたら、なんとなく負けたような気分になるかもしれません。せっかくの熱海旅行の思い出が、すべて色褪《あ》せて見えたりする……。そういう思考を、ラッセルは〈致命的〉として、〈何でも楽しいことが起これば、目いっぱい楽しむべき〉と断じています。要するに、**「人は人、自分は自分」と割り切ればいい**ということです。

これはけっして難しいことではありません。例えばイヌやネコを飼っている人は、近所にどれほど血統書付きの動物が飼われていたとしても、それをうらやましがることはまずないでしょう。自分のイヌやネコが世界でいちばんかわいいと思っているはずです。

あるいは古い国産の自家用車の横をフェラーリが追い越していったとき、速いとかカッコいいと思うことはあったとしても、嫉妬までには至らないでしょう。もともとフェラーリに乗りたいと思っているなら別ですが、自家用車には馴染みも愛着もあるからです。

ラッセルは〈賢い人の場合は、ほかの人がほかのものを持っているからといって、自分の持っているものが楽しいものでなくなるようなことはない〉と指摘しています。まさにそのとおりで、むしろ他人からどう見られようと自分が好きと思えるものに囲まれて暮らしたほうが、よほど幸福な気持ちになれるでしょう。

ちなみに私は、「2ノ1」と書かれた三〇センチのものさしを今でも持っています。これは小学校の二年一組のこと。つまりもう五〇年も前の代物ですが、なぜか捨てられない。昨今の「断捨離」を推奨する風潮には逆行しますが、そういうものを、誰でも少なからず持っているのではないでしょうか。

ただし、最も露骨な他人との比較といえば、所得差でしょう。おカネに色はないので、さすがに愛着は持ちにくい。多いほうがいいに決まっている、というのが社会通念です。まして、仮に自分より優秀とは思えない人が自分の二倍の給料をもらっているとしたら、不公平感に苛まれて穏やかではいられないかもしれません。そのとき、どう心の整理をつければいいか。

これについてラッセルは、〈精神を訓練すること、つまり、無益なことは考えない習慣を身につけることである〉と簡単に片づけています。自分が生活に十分な給料を得ているなら、もうそれでいいではないかというわけです。「ねたみぐせ」を治すことができれば、それだけで幸福になれる。そうすると、むしろ人からうらやましがられる存在になるとしています。

さらに、人と比較しはじめたらキリがないという話を、なかなかユニークな切り口で展開しています。

〈もしも、あなたが栄光を望むなら、あなたはナポレオンをうらやむかもしれない。しかし、ナポレオンはカエサルをねたみ、カエサルはアレクサンダーをねたみ、アレクサンダーはたぶん、実在しなかったヘラクレスをねたんだことだろう〉

たしかにこう言われると、妬んだりうらやんだりすること自体が虚しく思えてこないでしょうか。

多くのメジャーリーガーが大谷翔平を絶賛する理由

実際、ナポレオンやカエサルを持ち出すまでもなく、同時代にも比較対象にすらならないほど規格外の能力を発揮する人物が少なからずいます。メジャーリーグで二〇二一年シーズンのＭＶＰまで獲得した大谷翔平選手は、間違いなくその一人でしょう。

あの活躍ぶりを見て、競争心や嫉妬心を持つ人はまずいません。誰も時速一六〇キロの剛速球は投げられないし、五〇本近いホームランも打てない。もう諸手を挙げて絶賛・賞賛するばかりです。

面白いのは、同じメジャーリーガーでさえ大谷選手に感嘆し、絶賛していること。敵味方の関係なく、「こんな選手と一緒にプレーできて幸せだ」「みんなこの瞬間を見届けろ」「大谷は怪物」「みんなはまだ本当の凄さに気づいていない」等々のコメントが聞かれました。二〇二一年シーズンのオールスター戦でも、選りすぐりの選手たちが大谷選手と一緒の写真を撮ったり、サインを交換したりした姿が印象的でした。

すべてのメジャーリーガーにとって、大谷選手はライバルのはずです。その意味では、ライバル心をむき出しにしたようなコメントがあっても不思議ではありませんが、メディアのみならずSNS等でもほとんど見聞きしません。そういう余地がないほど大谷選手の活躍が突出していたということでもありますが、そもそもメジャーリーガー自身が嫉妬や羨望といった意識とは無縁なのでしょう。

彼らもまた最高峰の舞台でプレーしているという自信と自負を持っているため、わざわざ比較したり、他人を貶めたりする必要がない。先のラッセルの見方にしたがえば、むしろ**嫉妬や羨望などで余計な疲れを溜めないからこそ、最高峰の激烈な舞台で戦い続けることができる**のだと思います。

この姿勢は、私たちもおおいに見習うべきでしょう。例えばオリンピックに出て活躍する選手に対し、それがどの競技であれ、また結果がどうであれ、私たちは無条件に賛辞を贈ると思います。自分とは比較にならないし、最大限の努力とプレッシャーの中で戦っていることが容易に想像できるからです。あるいはアーティストやアカデミックの世界の人に対しても同様です。

では、自分の身近な人びとに対してはどうか。先にも述べましたが、職場の同僚や取引先、同じ業界の人の活躍や自慢話に対し、どんな思いを抱くでしょうか。やはり賞賛できるとすれば、それは自分に自信を持っていること、もしくは真剣に戦った経験が豊富なこととの裏返しだと思います。

その意味で、**嫉妬心は自分の力量を知る目安**にもなります。そう言い聞かせながら、燃え上がりそうになる炎を抑え込んでみてはいかがでしょうか。

行き過ぎた謙遜が嫉妬心を生む

ところで、一般に「謙遜」は美徳とされています。特に日本では、その傾向が強くあります。「俺が」「私が」とグイグイ前に出る人は敬遠され、「私など力不足で」と一歩引く人ほど好感を持たれます。

それほど穏やかな社会ということですが、それも行き過ぎれば嫌味になる。ラッセルに言わせれば、〈不必要な謙遜〉こそ嫉妬の温床であるとしています。謙遜とは、言い換えれば卑屈であり、誰かと比較して自分はとうてい敵わないと落ち込むことでもある。そう思うこと自体が不幸であり、また相手に悪意を持ちやすくなるというわけです。

そこで展開するのが、クジャクにまつわる話。

〈どんなクジャクにせよ、ほかのクジャクの尻尾をうらやみはしないと思われる。なぜなら、どのクジャクも、自分の尻尾が世界中で一番りっぱだと思いこんでいるからだ〉という仮説を大前提として、だからクジャクは争いを好まないとラッセルは説きます。

ではもし、自分の尻尾を立派だと思ってはいけないと教えられたらどうなるか。他のクジャクを見て卑屈になり、いっそその羽を何本か抜いてやろうとか、罠にはめて貶めてやろうなどと考えるようになる。

こうして傷つけ合う風潮が〈クジャク王国〉全体に広まれば、やがて美しいクジャクは消滅して美しくないクジャクの天下になる。ラッセルはこれを〈道徳の仮面をかぶったねたみの勝利〉と表現しています。果たして、こういう社会が幸福でしょうか。だから、**行き過ぎた謙遜は危険**なのです。それよりも、〈それぞれのクジャクが、自分はほかのどのクジャクよりもすてきだと思っているところでは、こうした弾圧はいっさい必要ではない〉という社会を目指すべきでしょう。

ラッセルがここで提起したのは、今日にも通じる格差社会の問題です。社会の不平等や不公平は、もちろん是正する必要があります。しかしそれが妬みを晴らす場になるようでは、つまり〈不運な人たちの快楽を増すよりも、幸運な人たちの快楽を減らすことを旨としている〉ようでは、その社会に希望は持てません。

ではどうするか。ラッセルはここで、やはり個々人の嫉妬心との向き合い方に解を求めます。一つは先にも述べたとおり、できるだけ疲れを減らすこと。疲れが不満を生み、自分より楽な仕事への妬みを生むという理屈です。

そしてもう一つは、〈本能を満足させられるような生活を確保すること〉。結婚生活にも子どもにも恵まれている人は、子どもを育てるだけの資力があるかぎり、むやみに他者を妬まないと説いています。もっと端的に、仕事上の妬みの大部分には、性的な原因があるとも述べています。これには賛否両論あると思いますが、ちなみにラッセルは四回結婚しています。経験に基づいた主張なのでしょう。

プラグマティズムで〈宇宙の自由〉を獲得しよう

そして最後に、嫉妬心を克服する方策として、ラッセルは以下のように課題を提示しています。

〈文明人は、おのれの知脳を拡大してきたように、いまや、心情を拡大しなければならない。自己を超越することを学び、そして自己を超越することで、宇宙の自由を獲得することを学ばなければならない〉

ラッセルは特に言及していませんが、この〈心情を拡大〉する手段の一つが宗教ではないでしょうか。

一九～二〇世紀初頭にかけて活躍したアメリカの哲学者・心理学者ウィリアム・ジェームズは、代表的な著作『プラグマティズム』の中で、ものごとの価値を徹底的に有用か否かで判断するという姿勢を提唱しました。

その考え方にしたがえば、宗教も「神」が存在するかしないかではなく、神という概念を設定することが人類に有効に働いたか否かで有用性を判断すればよい、ということになります。もちろん、人類の歴史を振り返れば有用でした。神がいると信じることによって心が落ち着いたという人がいれば、その時点で有用なのです。

例えば小林一茶の句に、「年寄りや月を見るにもナムアミダ」があります。「南無阿弥陀仏」は浄土宗や浄土真宗などでよく唱えられる念仏で、意味は「私は阿弥陀如来様に帰依します」。そう唱え続けることで、煩悩や汚れのない「浄土」に往生できるというのが基本的な教えです。

では「浄土」が本当に存在するかといえば、おそらくノーでしょう。いわば妄想の産物です。しかし、「年寄り」をはじめとする信者が「南無阿弥陀仏」と唱えることで浄土に行けると信じたり、それによって気持ちが楽になったりするなら、プラグマティズム的には有用な概念ということになるわけです。

この観点で嫉妬心について考えると、言えることは二つあります。一つは、別に宗教以外でもいいのですが、**複数の価値観を持つこと**。一つのものさしで測ろうとするから、「ここで負けたら終わり」となって「自分が勝てないなら、せめて相手を引きずり降ろそう」という発想になるわけです。そうではなく、「自分にはこういう〝浄土〟がある」と思えるものがあれば、仮に一つの競争で負けてもさして気にならないはずです。これが、〈心情を拡大〉するということでしょう。

そしてもう一つは、**嫉妬心そのものがプラグマティズム的に有用かどうかを考えること**。この世にお金持ちや才能あふれる人がいることが自分の不幸の原因だと考え、「不公平だ」と騒いだとしても、果たしてそれが本当に有効か。仮に自分より恵まれた暮らしをしている人がいなくなったとして、自分は救われるのか。そう考えると、かえって自分の心を疲れさせているだけだと気づけるのではないでしょうか。

それが、〈自己を超越〉して〈宇宙の自由〉を獲得するカギになると思います。

被害妄想につける四つの「予防薬」

もう一つ、**嫉妬と同様に自分で自分の首を絞めるのが〈被害妄想〉**です。

自分はこれほど成果を出しているのに、会社は認めようとしない。誰も自分に感謝してくれない。きっと皆が自分を嫌っているのだろう……。ひとたびこういう思考に囚われると、どこまでも悪いほうへ悪いほうへとイメージがつながっていくものです。およそ幸福感とは対極の状態でしょう。

ではなぜ、自らこういうネガティブ思考を招いてしまうのか。ラッセルはこれについて、〈被害妄想はいつも、おのれの美点をあまりに誇大視するところに原因がある〉と述べています。ごく端的に言えば、自我が肥大化しているということです。自分が考える理想的な自分像と、他者からのリアクションから想定される自分像とのギャップについて合理的な解を見つけようとすると、「自分は被害者」「自分は虐《しいた》げられている」などと考えざるを得なくなるわけです。

しかし立場を逆にして振り返ってみればわかりますが、私たちは日々、周囲の誰かを貶めてやろうとか、不当に低く評価してやろうなどと考えているわけではないでしょう。つまり被害妄想の多くは、まさに妄想に過ぎません。だとすれば心の内の問題なので、手の打ちようもあるはずです。

実際、ラッセルは四つの〈予防薬〉を提示しています。第一は〈あなたの動機は、必ずしもあなた自身で思っているほど利他的ではないことを忘れてはいけない〉。例えば慈善家が、ある地域によかれと思って一つの事業を行ったとします。ところが地域住民からの感謝が足りないと感じると、慈善家は「こんなに奉仕してあげているのに、誰かが邪魔をしているに違いない」などと焦ったり怒ったりするわけです。

これには大きく二つの理由があります。一つは、慈善家にとっての善が、必ずしも地域住民にとっての善とはかぎらないこと。自分の善を絶対的と思い込み、地域住民への配慮を欠いてしまっているわけです。その意味で〈利他的〉ではありません。

もう一つは、慈善家の本心に名誉欲や虚栄心がある場合。やはり〈利他的〉とは言えないわけで、そのことに気づかないかぎり、慈善家は浮かばれません。

第二は〈あなた自身の美点を過大評価してはいけない〉。例えば売れない芸術家が「自分の作品が評価されないのは、世間に見る目がないからだ」と嘆くことはよくあります。しかしそう思っているかぎり、この芸術家は浮かばれません。もしかしたら自分の美点はたかが知れているのではと見つめ直すことは辛いですが、〈それは終わりのある苦痛であり、そこを越えれば、ふたたび幸福な生活が可能になる〉と説いています。もちろん芸術家だけではなく、ビジネスパーソンにも当てはまる話でしょう。

第三は〈あなたが自分自身に寄せているほどの大きな興味をほかの人も寄せてくれるものと期待してはならない〉。要するに、**他者に期待しすぎるな**ということです。

例えば他者に何かを依頼して断られると、とたんに不機嫌になる人がいます。自分のほうが立場的に地位が上だから、もしくは能力が高いからという理由で、他者が自分の言うことを何でも聞いてくれると思ったら大間違い。誰もがそれぞれにエゴを抱えていて、その優先順位が最も高いということを、コミュニケーションの大前提として理解する必要があります。

そして第四は〈たいていの人は、あなたを迫害してやろうと特に思うほどあなたのことを考えている、などと想像してはいけない〉。ラッセルはここで、かなり毒気とジョークを織り交ぜた言い方で自戒を求めています。イギリス政府は長らくナポレオンの意図を挫《くじ》くことを目標に掲げてきたとした上で、こう続けます。

〈しかし、特に重要でもない人が、ほかの人が絶えず自分のことを考えてくれていると空想する場合は、狂気への道を歩んでいるのだ〉

ナポレオンほどの大人物ならともかく、それ以外の人には誰も関心を払っていないということです。これも自我が肥大化した人ほど勘違いしがちですが、まさにそのとおりでしょう。

いずれにせよ、被害妄想はある種の自己欺瞞《ぎまん》とも言えます。自分はすばらしい→周囲はそう見ていない→周囲の誰かが邪魔をしている、という自己中心的な三段論法で自分を慰めているわけです。しかしラッセルは、〈あなたは、心の片隅で、事実はそうではないことを知っている〉として、「**自分はすばらしい**」**という前提を見直す**ことを求めます。

〈真実がどんなに不愉快なものであっても、きっぱりとそれに直面し、それに慣れ、それに従ってあなたの生活を築きあげるようにしたほうがいい〉

誰も自分の言動に興味などない、と開き直るぐらいのほうが、気楽に過ごせるのではないでしょうか。

4章 高齢者ほど仕事を「楽しめる」時代へ

「仕事」は最良の退屈しのぎ

毎日の仕事が辛い、という人は少なくないでしょう。もしかすると、日常の悩みや不安、ストレスの大半は仕事に由来するかもしれません。

たしかに四〇代～五〇代になると、たいてい中間管理職として業務上の責任は重くなるし、部下の指導・教育の役割も負います。黙っていれば舐められ、少し言い過ぎるとパワハラだセクハラだと責められる。その微妙なさじ加減に、日々胃が痛む思いをすることも多々あります。できることなら逃げ出したい、いっそ辞められたらどんなに幸せだろうと思う人もいるでしょう。

しかし、ラッセルの仕事観はまったく違います。〈量が過多でないかぎり、どんなに退屈な仕事でさえ、たいていの人びとにとっては無為ほどには苦痛ではない〉と言い切っています。繰り返しますが、ラッセルが考える最大の不幸は「退屈」です。仕事自体は面白いものではないと認めつつ、それによって時間を埋められることが大きなメリットだと説くわけです。

もちろん、これには反論があるでしょう。仕事に時間を奪われなければ、自分でもっと楽しく過ごせるはずだと。そこで、仮に一週間の休みができたとして、どう過ごすかを想像してみていただきたい。

最初の一日ぐらいは、家でゴロゴロしているだけで楽しいかもしれません。しかし二日目ともなると、何か有意義に使わなければという気になるはずです。それを考えること自体がストレスであるというのが、ラッセルの考えです。またその結果、例えば海外旅行に出かけたり、趣味に没頭したりするかもしれません。しかしどんな使い方をしても、もっと有意義な使い方があったのではという焦りや後悔に苛まれる。それもまたストレスであると説くわけです。

その点、仕事があれば時間は潰されます。どんな仕事であれ〈退屈の予防策として望ましい〉〈一日の一時間ごとに、何をすべきかを命じられることは断然愉快なことである〉と断言しています。もちろん仕事中に退屈を感じることもあるでしょうが、日々やることがない退屈に比べれば〈ゼロに等しい〉とのこと。またこうして日常が仕事で埋め尽くされるからこそ、たまの休日の喜びが大きく感じられるとも述べています。

「労働こそ生きる喜びである」と言ってしまうと、いささか胡散《うさん》臭いというか、何か騙されているような気にもなります。しかし**「退屈」を人生最大の敵と捉えるなら、「労**

働こそ最良の退屈しのぎである」という説には説得力が生まれます。またそう考えると、日々感じている仕事のストレスも多少は軽減されるのではないでしょうか。

高齢者の雇用は増えるはず

中高年にとって仕事といえば、もう一つ気になるのが定年でしょう。最近は延長する傾向があるとはいえ、基本的には六〇～六五歳あたりでひと区切りという場合が多いと思います。

そこで問題は、その後をどう過ごすか。先のラッセルの説にしたがえば、猛烈な「退屈」に見舞われるわけです。それを避けるには、とにかく働き続けることが一番かもしれません。何か用事があれば、その時間は少なくとも無為に過ごすより充実します。それが一日に二つでも三つでもあれば、それだけ時間は早く過ぎます。

その最たるものが仕事でしょう。それまでいた会社と再契約する場合もありますが、まったく違う会社や組織で、まったく違う仕事に携わる人もいます。あるいは個人で何かを請け負うパターンも少なくありません。実際、定年後は遊んで暮らしたいという人より、どこかで働きたいという人のほうが多いのではないでしょうか。

少し前まで、高齢者の雇用や再就職はなかなか厳しい状況でした。しかし昨今は、少しずつ変わってきているようです。少子高齢化が進む日本において、労働力不足が懸念されていることは周知のとおり。女性の活躍や、外国人労働者の受け入れなどが積極的に議論されているのはそのためです。だとすれば、一度リタイアした高齢者にも復帰してもらおうという発想になるのは当然でしょう。今の六〇～七〇代なら、体力的にも精神的にもまだまだ働けるはずです。

それに制度的にも、採用時の年齢制限は撤廃される方向に行くと思います。そもそも**心身ともに健康であれば、働く年齢に上限を設ける理由はありません**。今や性別を限定することがナンセンスであることと同じ理屈です。よほど肉体を酷使するとか、一歩間違えば生命の危険をともなうような職種でもないかぎり、年齢だけを理由に採用不可にはできなくなるでしょう。

むしろ**長年の社会人としての実績や経験がある分、採用する側にとって有用な人材になり得ます**。特殊な技術や資格や人脈を持っていればもちろんですが、それだけではありません。日本の社会は日本人の習慣や常識の束によって成り立っています。ベテランの社会人なら、それを熟知しているはず。例えば社会人としてのマナーや言葉遣い、人間関係の築き方など、若い人にアドバイスできることは少なくありません。その意味では、人材の宝庫とも言えるでしょう。

それにもう一つ、日本語がわかることも大きい。今やどんな職場でも、外国の方がいます。それぞれたいへんな努力をして日本語をマスターされたのでしょう。ただ、日本語ならではの微妙なニュアンスや行間を読むという行為まで理解することは、なかなか難しいかもしれません。通常のコミュニケーションならさしつかえなくても、少し込み入った内容になると、お互いにどこまで伝わっているのか不安になると思います。

その点、日本で長く生活してきた高齢者なら、そういう問題は発生しません。それだけ採用しやすい職種も幅広いわけです。もちろん日本人どうしのコミュニケーションでも誤解が生じることは日常茶飯事ですが、それはまた別の問題です。

これからも定年制度自体は必要でしょう。一定の年齢でリセットする仕組みがないと、組織の新陳代謝が進みません。それに雇用する側にとっても、中高年にとってもメリットがあります。雇用側にとっては、熟練の人材を今までよりずっと安価で雇用できること。そして中高年にとっては、**今までよりずっと身軽になって働ける**ことです。給与のレベルが大幅に下がる分、責任からも解放されます。キャリアや環境にもよりますが、より技術や専門性を活かした仕事に就きやすくなるのではないでしょうか。

定年後こそ身軽に働ける

さらに言えば、当然ながら生活資金の足しにもなる。年金財政が逼迫《ひっぱく》する現在、支給年齢の引き上げが議論されることはあっても、支給水準の引き上げは考えられません。その中で、仮に高齢者が「老後が不安だからもっと年金を」と訴えたとしたら、現役世代から反発を食らうことは必至でしょう。若い人ほど将来は減額される可能性が高いし、本人たちもそれを知っているからです。

しかし「もっと働きたい」という高齢者に対しては、現役世代も文句は言わないでしょう。一部には若い人の仕事を奪うという見方もありますが、それより人手不足のほうが深刻です。忙しい現役世代を高齢者がサポートするという形になるなら、むしろ積極的に採用してくれるのではないでしょうか。

あとは、高齢者自身の労働意欲しだいです。まず多くの場合、収入の多寡を気にする必要がない。再雇用の場合、現役時代に比べて収入が大幅に減ることは仕方ありません。しかし、高給を得なければ路頭に迷うような人は稀でしょう。住宅ローンや子どもの教育費なども、そろそろ不要になる場合が多いと思います。**働く唯一最大の理由が「暇つぶし」なら、無償のボランティアでもかまわないはず**です。

それに、肩書を気にする必要もない。現役時代なら、より有名な大手企業でより重責を担ったほうが、社会的なステイタスを得られたかもしれません。学生時代の友人や同期と張り合う気持ちもあったでしょう。

しかし六〇歳を過ぎれば、それも終わりです。どこでどんな仕事をしようが、世間体や競争からは一旦リセットされます。その分、よりラクな気持ちで働けるのではないでしょうか。

言い換えるなら、**その後のキャリアを気にする必要もない**ということです。若い人なら、将来を見据えて今の仕事をステップにするという発想が不可欠です。惰性で働くだけでは面白くないし、何か目標がなければモチベーションも湧いてきません。もちろん、高齢になってなお成果の積み上げを狙うのもけっこう。現役時代にやり残した感のあることを、なお追求する姿勢は立派です。

しかし多くの場合、そうガツガツすることもないでしょう。むしろ**第一線は後進に譲り、後方支援に徹するぐらいの気持ちでいたほうが、現役世代ともうまく折り合える**気がします。

また雇用形態にもよりますが、フルタイムで働くケースも少ないと思います。無理をしない範囲で、例えば一日五時間、早朝だけまたは午後だけ出勤、もしくは在宅で、といったフレキシブルな働き方がどんどん増えてくるはずです。

残る問題は、個人のプライオリティ（優先順位）をどこに置くかです。なお報酬を重視する人なら、それが半額や三分の一になるのは許せないと思うこともあるでしょう。しかし日々の充実感や自分の技術の発揮、あるいは社会貢献などを優先するなら、働き口の門戸は自動的に開いてくると思います。

ちなみに、私が在籍している明治大学の教員の定年は七〇歳です。大学教員は修士や博士を経るなどスタートが遅い分、世間に比べて定年もかなり遅いほうだと思いますが、私にとってはあと一〇年弱。しかし、許されるなら、どこでもいいので、七一歳でも七二歳でも教壇に立っていたい。給料は大幅に減額されてもかまいません。もちろん若い先生方の邪魔にならないように日々おのれを磨くことを、目下のモチベーションにしています。とにかく、学生との授業を楽しみたいのです。

仕事は〈技術〉を駆使してこそ面白い

定年を迎えて第一線を退く場合でも、単に組織のバックヤードとして働くだけではもったいない。高齢者にかぎった話ではありませんが、ラッセルは〈仕事をおもしろくする主な要素〉を二つ挙げています。

一つは〈技術を行使すること〉。先にも述べましたが、社会人としてキャリアを重ねてきたとすれば、相応に何らかの技術を持っているはずです。それは職人的な技術のみならず、経験や社会常識、人脈なども含まれます。

例えばラッセルは、〈熟練を要する仕事〉の一つとして「政治家」を挙げています。〈他人についての幅広い経験が不可欠〉な仕事であり、だからこそ〈六十歳と七十歳の間が最もよく力量を発揮する〉とまで述べています。たしかに日本でも、政権や政党の中枢にいる政治家はだいたいこの年代です。しばしば「世代交代」の必要性が叫ばれますが、そうならないのは相応の理由があるのかもしれません。

あるいは私見ですが、**高齢者ならではの〝技術〟を活かせるのが保育や教育の分野**ではないかと思っています。昨今、これらの現場がたいへんな重労働かつ人手不足であることは周知のとおり。一方、かつて子育てを経験した高齢者は多いはずです。中には学校の先生のOB・OGや、近所の子どもを集めて面倒を見ていた方もいるでしょう。そういう〝熟練工〟のような方の多くが時間を持て余しているとすれば、このミスマッチはたいへんな社会的損失です。

とりわけ保育の現場において、こういう高齢者の活躍の余地はきわめて大きいと思います。保育所で正規に働くには保育士の資格が必要ですが、高齢になって取得するのは難しいでしょう。しかし、保育補助という形なら無資格でも働けます。あるいは国家による「子育て支援員研修」を受ければ、「子育て支援員」の認定も受けられるようです。保育士としての仕事はできなくても、そのサポート役として働いてもらおうというわけです。

実際のところ、保育に関しては、二〇代の保育士の方より高齢者のほうが〝ベテラン〟です。多忙をきわめる保育士のサポート役として、余りある活躍を期待できるのではないでしょうか。あとは保育所が広く門戸を開き、個別の面接などで資質や相性、条件を確認すれば、保育士にも高齢者にもデメリットは何もないはずです。

これは保育士の働き方や保育所の運営上の問題だけではありません。保育所が充実すれば、安心して子どもを産み、育てられる社会になります。これこそ少子化対策の一里塚でしょう。

あるいは学校の先生も、非常に疲弊しています。授業に加え、部活動の顧問になったり、膨大な事務作業を抱えていたり、あるいは生徒個々人の相談に乗ったり、保護者の問い合わせに対応したり等々、時間的にも精神的にも追い込まれている先生方が少なくありません。

こちらも、高齢者の出番でしょう。教壇に立つことはできないにしても、生徒の相談窓口になったり、部活の面倒を見たり、事務作業を手伝ったりは可能です。教職の経験があればもちろんですが、かつて子育てに関わった方々に〝技術〟を発揮してもらえれば、現職の先生方の勤務状況はずいぶん改善されるはずです。それもボランティアではなく、より自覚と責任を持ってもらうために給料を出したほうがいい。

もちろん民間企業でも、高齢者が活躍できる場は多数あるでしょう。積極的な高齢者雇用に政府が補助金を出すぐらいになれば、人手不足に悩む現場は助かるし、〝技術〟の継承にもなる。数の多い高齢者が収入を得るようになれば、相応に消費も増えて経済にもプラスです。社会の風景がずいぶん変わるのではないでしょうか。

仕事で大切なのは〈破壊的〉ではなく〈建設的〉であること

そしてもう一つ、ラッセルが〈技術の行使〉より重要な〈仕事をおもしろくする要素〉として挙げているのが、〈建設性〉です。いわゆる建設業を指しているわけではなく、仕事の成果が何らかのモニュメントとして残る仕事が望ましいということです。

ここで展開しているのは、〈破壊〉という仕事との対比。新たに建設するには、それまでの建物を破壊する必要があります。つまり破壊も建設へのプロセスの一環のはずですが、実は破壊という作業自体も楽しい。建設よりずっと簡単だし、短時間で可能です。しかし、これを勘違いしてはいけないとラッセルは説いています。破壊が目的化して、その先のことを考えなくなるからです。

その例として挙げているのが、〈革命家〉や〈軍国主義者〉など。〈彼らの真の目的は、おのれの憎しみの対象を破壊することであって、その後に来るのは何かということには、わりに無関心である〉とのこと。

しかしこういう仰々しい方々を引き合いに出すまでもなく、私たちの身近にも似たような御仁がいる気がします。例えば会議で、誰かがずっと準備してきた提案を真っ向から否定して潰したとします。自分の主張が勝ったと考えれば、それ自体が快感でしょう。

提案者に対して感情的なわだかまりがある場合なら、なおさらです。

このとき、自分がそれ以上の提案を用意して賛同を得られるなら、まだ否定にも意味があります。しかし強く否定する人ほど、概してそれだけで終わりがちです。これでは議論は一歩も前に進まないわけで、まさに〈破壊〉でしかありません。

特に中高年以上になると、立場的にも若い人の提案や意見を聞くことがよくあると思います。そこで**無造作に〈破壊〉が行われ、若い人のモチベーションを奪っているケースが少なくない**ようです。

たしかに未熟だったり大きな勘違いがあったりして、却下しなければならない場合も多いでしょう。しかしその際、感情的な問題を持ち出すことはもちろん、先入観から「どうせダメだろう」と決めてかかるようではダメ。**却下するならするで、次の〈建設〉につながるように理由を説明することが最低限の役割**だと思います。

だいたい、〈破壊〉による喜びは長続きしません。ラッセルによれば、破壊してしまったが最後、自分の仕事もなくなるから。それに対して〈建設〉は成果が残るし、完璧に完成することはあり得ないので、〈一つの成功から次の成功へと無限に続いて〉いくと述べています。たしかにどんなプロジェクトであれ、ひとたび成功したからといって放置することはあり得ないでしょう。さらなる成功を目指して、改良や改善、もしくは創造的破壊を繰り返すはずです。

その結果、〈建設の中に満足を見いだす人びとは、破壊好きな人間が破壊の中に見いだすよりも、一段と大きな満足を建設の中に見いだすのだ〉としています。また〈重要な建設的な仕事をする機会ほど、憎しみの習慣を治してくれそうなものは、まずほかにはない〉とまで断言しています。経験のある人なら、このあたりはおおいに共感できるのではないでしょうか。

ピラミッド建設の原動力は「楽しさ」だった?

実際、建設的な仕事は、完成した瞬間だけが楽しいわけではありません。そのプロセス自体に、ある種の快感があるように思います。

例えば歴史上屈指の建造物といえば、エジプトのピラミッドでしょう。あの建設には膨大な数の奴隷が投入されたと考えられてきましたが、近年はそれだけではなかったとする説もあるそうです。自ら積極的に参加した労働者も少なくなかった、というわけです。

理由は、国家的に崇高で壮大な事業だから。そこに自分も携わりたいと考えたとしても、不思議ではありません。そういう意識の存在は、先の東京オリンピック・パラリンピックでも証明されました。コロナ禍という難しい状況での開催にもかかわらず、全国から集まった大会ボランティアの総数は七万人強。年齢層は一九歳から九一歳まで。参加の動機はそれぞれでしょうが、まさに国家的な大プロジェクトだから協力しよう、現場で働く緊張と快感を味わいたいという方が多かったのだと思います。

あるいは国家とまでは行かなくても、地域の発展に貢献したいという気持ちは誰にでもあるでしょう。私の郷里である静岡市の例をご紹介しましょう。中心部にある駿府《すんぷ》城《じょう》公園は城跡で、天守閣は寛永一二（一六三五）年に焼失したまま、現存していません。いつの日か、ここに天守閣を再建して一大名所にしようという構想が一部で持ち上がっているそうです。

その前哨なのか、現在は天守閣跡で発掘調査が行われています。少し前には、ここから金箔を貼った瓦が大量に出土して話題になりました。駿府城といえば徳川家康が修築し、晩年の居城だったことでも知られていますが、金の瓦は家康の趣味ではありません。豊臣秀吉が天下を取った安土桃山時代、家康は江戸へ移されました。その後任の城主として赴任してきたのが、秀吉の腹心だった中村一氏《かずうじ》。金の瓦は、その中村が秀吉の命を受けて新たに天守閣を築いた名残だったようです。金色が好きな秀吉が権力を誇示するために作らせたのか、それとも中村が願い出たのかはわかりませんが、駿府城はほんの一時期だけ絢爛《けんらん》豪華に輝いていたわけです。

それはともかく、ここで発掘作業を行っているスタッフは、高齢者が少なくありません。そもそも平日の昼間に行うので、若い人を多く集めにくいという事情もありますが、それだけではありません。考古学に基づく発掘には、根気強さと丁寧さが求められます。そういう作業には高齢者のほうが適任なのだそうです。

また高齢者の方々も、仕方なく動員されているわけではないでしょう。郷土の歴史に触れられること、公共に資する作業に携われること、そして調査研究という学術的な建設的な事業に関わる面白さから、積極的に参加されているのだと思います。

もちろん、これは静岡にかぎった話ではありません。全国各地にはさまざまな時代の遺跡があり、それぞれ必要に応じて発掘調査が行われています。その現場で、多くの高齢者が働いている姿は容易に想像できます。

しかもその作業は、遺跡や観光資源という形で後世に残すことにもつながります。つまり**地域への貢献であるとともに、過去の姿を未来の子孫に伝える仕事でもある**。そう考えるだけでも、やりがいを感じられるのではないでしょうか。

お金を使うことも「貢献」の一つ

これまた地元の静岡の話題で恐縮ですが、先ごろ、お茶の生産量で鹿児島県が静岡県を初めて上回ったというニュースがありました。全国的にはあまり関心を持たれない話題かもしれませんが、日本一のお茶の産地を自負してきた静岡県民にとっては由々しき事態です。

さらに問題なのは、全国的にお茶の生産量が減り、価格も下がっていること。生産農家の高齢化や、お茶といえばペットボトルで飲む文化が定着し、高級茶の需要が減っていることなどが原因のようです。

そこで静岡県は目下、「ＣｈａＯＩ《チャオイ》プロジェクト」というものを展開し、静岡茶の特性を活かした新製品などを開発し、需要の復活と高級茶の復権を目指そうとしています。あるいは静岡市内には「お茶カフェ」という独特の店があり、極端に濃厚な抹茶アイスクリームやお茶シロップのかき氷など、それぞれ工夫を凝らした商品を提供しているようです。地元で人気が高まれば、全国展開も容易に視野に入ってくるでしょう。

これももちろん静岡にかぎった話ではありません。全国各地にはそれぞれ名産品や強い産業があり、地域ぐるみで存在感をアピールしようと努力しているはずです。その作り手側に何らかの形で参加するのも一つの手ですが、協力の方法はそれだけではありません。**消費者として、積極的に買うことも大事な地域貢献**だと思います。

それはいわば、タレントとファンの関係に近いかもしれません。特にデビューしたてのアイドルの場合、ファンはとにかく関連グッズを大量に買ったり、コンサートや握手会などに出かけたりしてお金を投じることがよくあります。あるいはアイドルが何かの広告に起用されたら、自分にとって要不要に関係なく、その商品まで買う。そういう投資がアイドルを育てることになるからです。

こうした支援は、アイドルだけではなく、各分野のアーティストやアスリート、もしくは贔屓《ひいき》のお店などを対象にするパターンもあるでしょう。現金な言い方をすれば、いずれもどれだけ熱心なファンを多く持てるかによって、将来性が決まります。

ではファンは負担ばかりかと言えば、けっしてそうではありません。自分が楽しみたいという思いとともに、自分たちが応援して大きく育てるのだという、ある種の使命感や忠誠心が、充実感をもたらしてくれるのです。それは前述の〈建設〉にも似た感覚と言えるでしょう。誰かのファンを続けている方、最近の言葉で言うなら「推し」がいる方なら、日々実感していることだと思います。

その対象として、特定の有名人やお店のみならず、地域全体にも目を向けるのが地域貢献です。そういう郷土意識に期待して編み出されたのが、「**ふるさと納税**」の制度でしょう。豪華な返礼品などをめぐって批判はあるものの、今や総務省の思惑どおりにすっかり定着した感があります。遠く離れた郷里を応援する気持ちがあるなら、この制度を利用するのも一つの手でしょう。

私自身、できるだけ静岡市にふるさと納税をしています。一八歳まで育ててもらった恩義があり、多少なりとも恩返しをしたいという気持ちがあるからです。

また郷里ではありませんが、沖縄県にも、ふるさと納税をしています。かつて旅行した際、現地でいろいろな方にお世話になり、かつ歴史や現状についてお話を伺ったことがきっかけの一つ。それに旅行後、毎朝沖縄のシークヮーサージュースを飲まなければ一日が始まらなくなったことも大きな理由です。もし飲めなくなったら自分の健康が危ういとまで感じています。だから、とにかくシークヮーサー農家の方々を応援したい。

そんな思いから続けているわけです。

もちろん収入も貯蓄もお金の遣い方も人それぞれなので、無理強いしてまで消費または納税しようなどと勧めるつもりは毛頭ありません。ただ少なくとも統計で見るかぎり、日本には二〇〇〇兆円近い個人金融資産があり、そのうち七割弱を六〇歳以上の世帯が保有していると言われています。概して高齢者のほうがお金持ちなわけです。**消費や納税によって地域を応援しようとするなら、豊かな高齢者こそ先導役を務めなければならない**と思うのは、私だけでしょうか。

〈あきらめ〉が希望を生む

一部の天才を除き、どんな仕事でも続けるためには相応の努力や忍耐が必要です。ラッセルの認識によれば、幸福とは〈熟した果実のようにぽとりと口の中に落ちてくるようなものではない〉とのこと。自ら努力してつかむものであると説いています。だから『幸福論』の原題は「The Conquest of Happiness」、つまり「幸福の獲得」なのです。

ただし、**努力一辺倒ではダメ。〈中庸〉を心がけ、努力の対極にある〈あきらめ〉とバランスをとるべき**だとしています。このあたりが、単なる精神論ではない、いかにも哲学者・数学者らしい合理的な考え方だと思います。

何を「努力」と呼ぶかは人それぞれですが、例えば仕事でチャンスを得るために技術や知識を身につけたり、ソリが合わない部下や取引先との関係に耐えたり、あるいは健康に気を遣いながら日々を送るのも努力のうちかもしれません。

では努力すればするほど幸福度が上がるかいえば、そうでもない。望んだポジションや収入を得られるとはかぎらないし、公私ともども〝降って湧いた災難〟に見舞われて回り道をすることも多々あります。

そこで重要なのが〈あきらめ〉。〈あきらめ〉については1章でも力説したところですが、ここであらためて掘り下げておきたいと思います。

ラッセルは、あきらめにも〈幸福の獲得において果たすべき役割がある〉と述べています。何かとうまくいかない世の中で、私たちはどうすればうまくいくか、悩んだり怒ったりしがちです。しかし**あきらめるという決断ができれば、ネガティブな感情から解放される**。〈避けられない不幸に時間と感情を浪費〉しないのが賢人であるとしています。

さらに、あきらめには良悪の二種類があるとのこと。悪いのは絶望に根ざすもので、良いのは不屈の希望に根ざすものです。一見すると抽象的ですが、言い換えれば目指すものが個人的な願望か、それとも公共に資するかということです。

例えばある科学者が、ひたすら自分の功名心や利益を求めて一つの研究に打ち込んだとします。それが行き詰まったとすれば、もはや絶望しかないでしょう。立ち直れないほどのショックを受けるはずです。

しかし、同じく研究を断念したとしても、科学の発展に寄与したいとか、人類の利便性を高めたいという高邁な目的を掲げていたとすれば、少なくとも「この仮説は間違いであると示すことができた」「次代の科学者にデータを残せた」と捉えることができます。これが不屈の希望に根ざすあきらめで、けっして絶望する必要はないわけです。

あるいは研究自体はうまくいっていても、目標が大きすぎて生涯をかけても時間が足りないとか、何らかの個人的な事情で中断させられるといったことはよくあります。個人としては心残りもあるでしょうが、後世に託すために先鞭《せんべん》をつけたと考えれば、むしろ充実感を味わえるのではないでしょうか。

〈心配の帝国〉誕生の原因はあきらめ不足にあり

以上を踏まえて、ラッセルはさらに身近な〈あきらめ〉論を展開します。

世の中には、些細なことでイライラしたり、怒鳴り散らしたりする人が少なからずいます。『幸福論』の表現を借りれば、〈列車に乗りそこなえば腹を立て、料理がまずければ怒り狂い、煙突がくすぶれば絶望にうち沈み、クリーニングに出した衣類が戻ってこなければ産業界全体に復讐を誓う〉ような人です。ここで浪費されるエネルギーは、〈帝国をいくつも作ったりつぶしたりする〉ほど大きいとしています。ラッセルはこれを〈心配の帝国〉と表現しています。

周囲にいる人を思い出して、あるいは自分自身を振り返って、心当たりのある人は多いでしょう。特に高齢になるほど、不機嫌が増幅して日常化する人は少なくありません。当然、本人にとっても面白くないはずです。

ではなぜ持続してしまうのか。ラッセルによれば、それこそ〈あきらめ〉を知らないからだと説いています。些細なトラブルは日常茶飯事で、一瞬だけイラッとすることはあったとしても、たいてい次の瞬間には忘れているもの。実害が大きいわけでもないので、いちいち気にせず「仕方がない」とあきらめているのです。

ここで重要なのは、簡単にあきらめられる理由。それが先述の「良いあきらめ」とつながっています。**何か志を持って高邁な仕事に従事していれば、あるいは他に大きな楽**

しみや目標を見出していれば、それ以外の場面での些細なトラブルなど気にならない、というわけです。これが〈心配の帝国〉から解放される道であり、〈怒りっぽい性質の人の場合、これ以外に彼の性質を治すすべがあるかどうか疑わしい〉とまで述べています。

そしてもう一つ、〈あきらめ〉には膨らんだ自我を適度に萎ませるという効能もあります。例えば、自分に対する周囲の評価が、自分が思うよりも低いことはよくあります。あるいは、懸命に努力しても認められず、報われないことも多々。むしろ正当に評価してもらえることのほうが、世の中では少ないかもしれません。

そのとき、「世間が悪い」と〝逆ギレ〟しても何も始まりません。かといって「自分はダメだ」と落胆するようでは、絶望に根ざした「悪いあきらめ」になってしまう。そこでラッセルが提案するのは、複数の自分を〈演じる〉ことです。**「自分の考えは正しい」「自分はこれしかできない」と頑固を貫くのではなく、臨機応変に求められた役割を全うする。それが、社会と折り合うための最善策ではないか**、というわけです。

これについて、『幸福論』で示された比喩がなかなか秀逸です。自分が持っているたった一枚の自画像を相手に差し出したとき、それを邪険に扱われたとしたら、誰でも腹が立つでしょう。それを避ける方法は、自画像を出さないことではありません。多様な自画像を揃えた画廊を持て、と説いています。その場や相手に求められる自画像を差し出せばいいということです。

これはふだん、誰もが実践していることかもしれません。重要なのは考え方です。「これは本当の自分ではない」「自分は自分に嘘をついている」などと思いながら、我慢して相手に合わせていると疲れます。けっして幸福な状態とは言えないでしょう。しかし「求められた役割を演じている自分」「これも自分の顔のうちの一つ」と割り切ることができれば、心はずいぶん楽になるのではないしょうか。

これはある意味で、自我の膨張をあきらめるということです。「周囲から見た自分の評価は、自分が思うほど高くない」と受け入れることは、辛い作業でもあります。しかしその代わり、社会から別の役割を求められるという意味では、希望に根ざしています。ラッセルはこれを〈永続的な幸福の不可欠の条件である〉としています。

〈あきらめ〉とはストライクゾーンを広げること

実は自我と社会との関わりは、『幸福論』を貫く一大テーマです。大半の人にとって齟齬《そご》が絶えない社会と、どう折り合いをつけるか。その解の一つが、**積極的な意味での〈あきらめ〉**なのです。

特に中高年の場合、これを意識することは必須でしょう。先述のとおりそろそろ仕事の第一線を退いたり、定年を迎えて再就職したりした場合、かつての部下や、自分の子どもと同じくらい年下の上司の指示を仰がなければならない場面も出てきます。プライドを傷つけられる気もするでしょうが、当の上司も声をかけにくいはず。そこで以前のように先輩風を吹かせようものなら、たちまち組織にとってやっかいな存在になります。

こういうとき、まず大事なのは**「自分はもう現役時代の自分ではない」と割り切ること**。これも〈あきらめ〉の一種でしょう。それによって組織の一員として認められ、経験に基づいた力を発揮する場を与えられたり、社会貢献の一助を担えたりすれば、プライドを守るよりずっと大きな充実感を得られるはずです。

だいたい私たちの多くは、多かれ少なかれ〈あきらめ〉とともに成長してきました。子どものころはスポーツ選手やアイドルに憧れ、一〇代になるともう少し現実的に就きたい職業をイメージするようになり、しかし進学・就職で「こんなはずではなかった」という思いを繰り返しつつ社会人になった、という人が圧倒的に多いのではないでしょうか。

ではそんな過去を後悔しているかといえば、おそらくそうではない。最終的に選んだ道で、満足とまではいかなくても、絶望の中にいるわけではないと思います。あるいは、いちいち過去を思い出す暇などないかもしれません。いずれにせよ、それなりに「良いあきらめ」を実践してきたわけです。

中高年になっても同じこと。むしろ酸いも甘いも嚙み分けた世代だからこそ、〈あきらめ〉の基準をもっと緩めてもいいでしょう。それは**許容のストライクゾーンを広げる**ということであり、それだけの度量を持つということです。

例として適切かどうかは微妙ですが、ドストエフスキーの代表作に『カラマーゾフの兄弟』があります。物語の軸は、三兄弟のうち誰が父親フョードルを殺したのか。フョードルは老獪《ろうかい》で狡猾《こうかつ》で好色、つまり徹底的にどうしようもない人間として描かれています。それを象徴するセリフの一つが、「女であるというだけで、もう半分は満たしている」。要するに美醜を問わず、女性なら誰でもいいということです。

現代にこんなことを言ったら大問題になりますが、見方を変えればストライクゾーンがきわめて広いということでもあります。小説でこういう人物が造形されたことは、非常に面白い。以前、私はある原稿でそう書いたところ、同書の翻訳者にしてロシア文学の権威である亀山郁夫先生に「見方が斬新」と褒めていただいたことがあります。

それはともかく、歳を重ねるほどストライクゾーンが広がること自体、ある意味で合理的だと思います。そもそも女性から相手にされなくなる可能性が高いので、ならば広く構えるしかない。少なくともそのほうが希望は残るし、どんな女性でも魅力的に見えれば楽しいはずです。

食についても同じことが言えます。歳を重ねるごとに舌が肥え、とにかく味にうるさくなったり、好きなものしか食べなくなったりというのも一つのパターンです。しかしそれでは世界が狭くなるし、周囲からは間違いなく面倒くさい人に映ります。逆に「美食」の追求をあきらめ、**何でも食べてやろう**という気概を持つほうが、ずっと気楽になれるのではないでしょうか。

高齢者が歌う「うっせぇわ」

〈あきらめ〉とは少し違いますが、ストライクゾーンの広さという意味では、音楽の趣味で考えてもわかりやすいでしょう。

中高年になると、若いころに好きだったアーティストやジャンルを繰り返し聴くという人が多いように思います。今さら聴き慣れない音楽を探すのは面倒だし、特に若い人の音楽はよくわからない、と最初から敬遠しているわけです。

たしかに、昨今はメガヒットする音楽も少ないので、いつの間にかメロディを覚えてしまうということもあまりありません。そもそも興味がなければ、街中で流れていても耳に入ってこないでしょう。

そんな中、二〇二一年にヒットした曲に、一〇代のAdoさんが歌う「うっせぇわ」があります。サビぐらいは聴いたことがあるかもしれませんが、歌詞は特に中高年男性に対してかなり辛辣。「一切合切凡庸なあなたじゃ分からないかもね」「くせぇ口塞げや限界です」「丸々と肉付いたその顔面にバツ」など、ほとんどケンカを売っているとしか思えません。今どきのデジタルでアップテンポな曲でもあるので、聴いた中高年の中には嫌悪感を持つ人もいるでしょう。

ただ、この曲は多数のアーティストやＹｏｕＴｕｂｅｒなどにカバーもしくはパロディ化されていることでも有名です。中でも絶大な人気を博しているのが、菅原進さんによるカバーです。

菅原さんといえば、一九六〇〜七〇年代に活躍されたフォークデュオ・ビリーバンバンのお一人で、二〇二一年時点で御年七三歳とのこと。その菅原さんが、ピアノ伴奏のみでスローテンポにアレンジされた同曲を熱唱されているわけです。それも、古いチャップリンの映画を思わせるようなモノクロ映像付き。歌詞は原曲のままなのに、高齢者から若者に向けた「うっせぇわ」に聞こえてきます。サビに登場する「あなたが思うより健康です」というフレーズは、まさにぴったりという感じです。

これは、高齢者が今の若い人や文化とつき合っていく上での、ある意味で理想的な姿ではないかと思います。自分が高齢であることを前提としつつ、とりわけ尖《とが》った若者文化を受け入れて換骨奪胎《かんこつだったい》し、すっかり自分のものにしてしまう。恐るべき咀嚼《そしゃく》力ではないでしょうか。

ここで、あらためて仕事の話に戻ります。高齢になると、どうしても若い人に比べて動作が遅くなります。しかし、遅いなりにできる仕事はある。むしろ遅い分、熟練の技で味のある仕上がりになったりします。

重要なのは、脳を若々しく保つこと。それには**常に新しい情報に触れ、自分なりに咀嚼してみる**ことも一つの方法だと思います。**特に若者文化など、毛嫌いしたり「どうせ**

わからない」と最初から遮断したりするのではなく、一度は見聞きしてみてもバチは当たらないでしょう。

5章 「孤独」こそ幸福のチャンス

大谷翔平選手を支える「マンダラチャート」

今の日本で最も注目される存在といえば、メジャーリーグで活躍する大谷翔平選手でしょう。「もっと上手くなりたい」というひた向きで前向きな姿勢は、誰もが認めるところだと思います。３章でも言及したことですが、なにしろ、本場の超一流メジャーリーガーたちでさえ、大谷選手に熱い視線を注いでいるのですから。

私が特に驚いたのは、二〇一八年のシーズン終了後にトミー・ジョン手術（側副靱帯再建術）を受けることになったとき。一歩間違えれば選手生命を絶たれることになり、また成功しても長いリハビリが必要になるという、選手にとってはきわめて怖くて辛い決断だったはずです。

ところがちょうどその発表をした日、打者として試合に出場した大谷選手は、ホームランを二本も打ったのです。いったいどういうメンタルを持てばこういうことが可能になるのか……ひたすら衝撃を受けました。

さらに手術の直前には「手術後にどれくらい痛みが出るか楽しみ」、リハビリ中には「少しずつ練習メニューが増えて楽しい」「さらに進化して帰りたい」と語るなど、どこまでも前向きでした。そう自分に言い聞かせている部分もあるのでしょうけれども、常人ではなかなか「楽しみ」とまでは言えません。

大谷選手のみならず、あらゆるアスリートに言えることですが、行動も決断も本人以外は誰も指図できないという意味で、たいへん孤独な存在だと思います。自分を支えるのは自分のみ。相当な芯の強さが求められます。大谷選手の場合、おそらくその原点にあるのが、すっかり有名になった「目標達成シート」でしょう。花巻東高校一年生のとき、野球部の佐々木洋監督の指導で書いたものです。

次ページ図表3に示したとおり、これは将棋盤のように九×九の八一マスからなる一覧表で、まず中央の一マスに最大の目標を、その周囲の八マスにその達成のための要件を書き込みます。さらにそれぞれの要件についても、より具体的に細分化した要件を八個ずつ書き込む。一つの目標を達成するためには、八×八で都合六四のミッションをクリアする必要があるということです。構図としては仏教の曼荼羅に近いので、「マンダラチャート」とも呼ばれます。

大谷選手の場合、中央に書いたのは「八球団からドラフト一位指名」。その要件として「コントロール」「変化球」「キレ」など野球の技術に関わることに加え、「運」「人間

図表3　大谷翔平選手のマンダラチャート（高校1年時）

体のケア	サプリメントを飲む	FSQ 90kg	インステップ改善	体幹強化	軸をぶらさない	角度をつける	上からボールをたたく	リストの強化
柔軟性	体づくり	RSQ 130kg	リリースポイントの安定	コントロール	不安をなくす	力まない	キレ	下半身主導
スタミナ	可動域	食事 夜7杯 朝3杯	下肢の強化	体を開かない	メンタルコントロールをする	ボールを前でリリース	回転数アップ	可動域
はっきりとした目標、目的を持つ	一喜一憂しない	頭は冷静に心は熱く	体づくり	コントロール	キレ	軸でまわる	下肢の強化	体重増加
ピンチに強い	メンタル	雰囲気に流されない	メンタル	ドラ1 8球団	スピード160km/h	体幹強化	スピード160km/h	肩周りの強化
波をつくらない	勝利への執念	仲間を思いやる心	人間性	運	変化球	可動域	ライナーキャッチボール	ピッチングを増やす
感性	愛される人間	計画性	あいさつ	ゴミ拾い	部屋そうじ	カウントボールを増やす	フォーク完成	スライダーのキレ
思いやり	人間性	感謝	道具を大切に使う	運	審判さんへの態度	遅く落差のあるカーブ	変化球	左打者への決め球
礼儀	信頼される人間	継続力	プラス思考	応援される人間になる	本を読む	ストレートと同じフォームで投げる	ストライクからボールに投げるコントロール	奥行きをイメージ

注）FSQ、RSQは筋トレ用のマシン　出所）スポーツニッポン

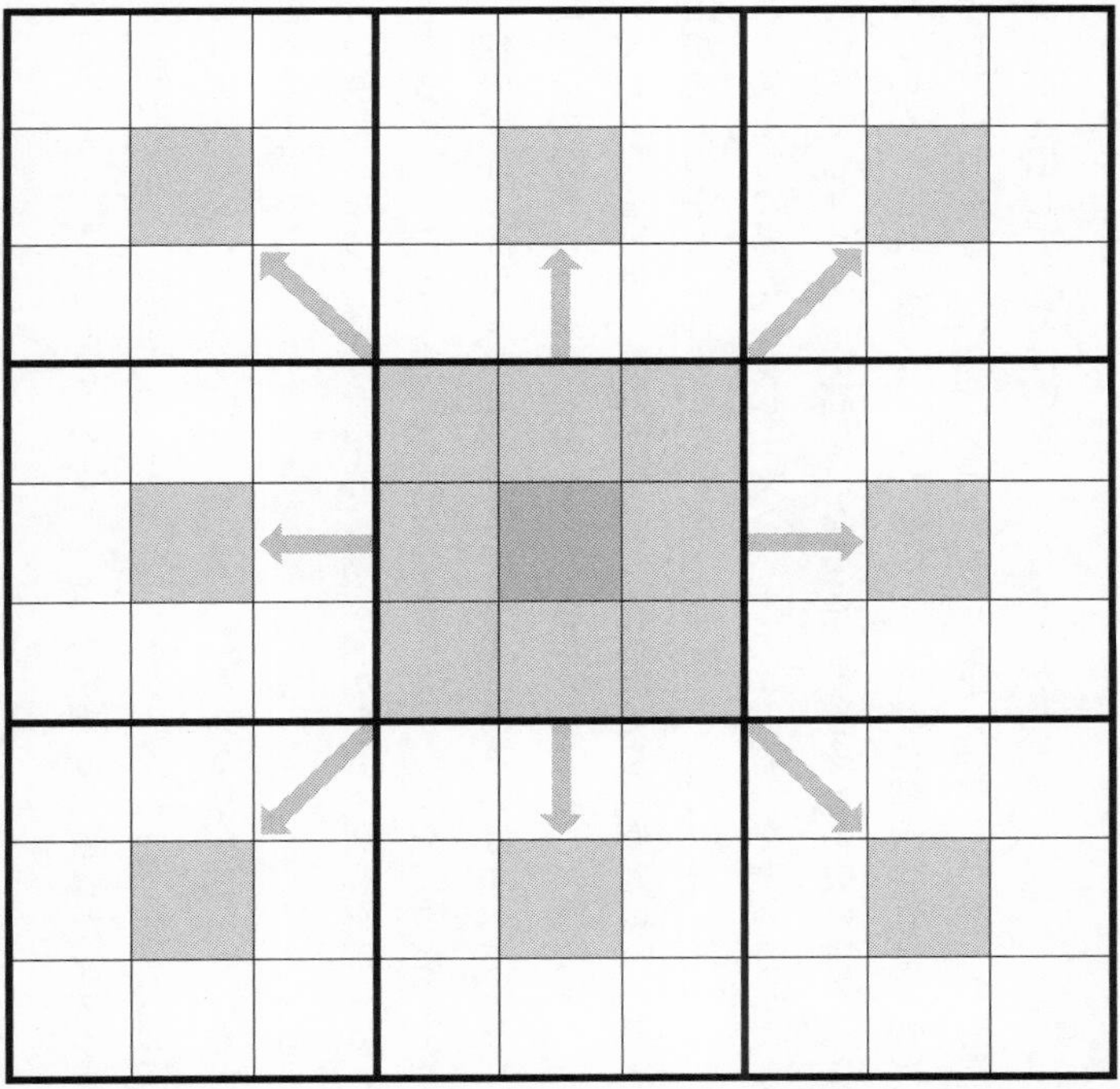

あなたの目標を「マンダラチャート」に書いてみよう
(拡大コピーしてお使い下さい)

性」「メンタル」も挙げています。さらに細分化されたマスを見ると、「一喜一憂しない」「思いやり」「感謝」「ゴミ拾い」「本を読む」「道具を大切に使う」など。これらは、今でも実践しているように見えます。このあたりが、いかにも大谷選手らしいところだと思います。

言い換えるなら、野球を中心に据えながらも、関心を寄せていることが世の中に六四個もあるということです。これだけあれば、一つや二つがうまくいかなかったとしても、その他の要件で簡単にリカバリーできる。あるいはすべてをクリアすることはまずないので、その分だけ上昇の余地があると捉えることもできます。誰にも真似できない孤独なチャレンジを続け、なおかつ厳しい状況でも「楽しい」と言えてしまうのは、ここに理由があるのかもしれません。

さて私たちの場合、もし「マンダラチャート」を書いてみようと促されたとき、即座に書けるでしょうか。中高年になると、そもそも中央に書くべき目標すら簡単には定められないかもしれません。しかしポジティブに解釈すれば、特に脈絡なく多様なことにチャレンジできるということでもあります。「マンダラ」の構造にはこだわらず、一度ざっと書き出してみてはいかがでしょうか。

世論を跳ね返す強さ

大谷選手と言えばもう一点、前代未聞の投打〝二刀流〟を世界最高峰の舞台で認めさせたこともすばらしい。

日本のプロ野球でプレーしていたときから、「プロの世界で二人分の練習は無理」「どちらか一方に絞るべき」といった意見は少なからずありました。少し調子を落としたりしたら、その声はいっそう大きくなったと記憶しています。ましてメジャーという大舞台で、実績もない当初はファンやメディアから容赦のない批判を浴びたと思います。

それでも屈せず、二刀流を貫き通せた理由は何か。もちろん、チャレンジ精神が旺盛で、またそれを裏打ちする技術と自信があったことは間違いありません。加えて着目すべきは、**「世間を恐れない」**という姿勢です。

ラッセルによれば、〈世評というものは、世評に無関心な人びとよりも、はっきりと世評をこわがっている人びとに対して、つねにいっそう暴虐である〉とのこと。それはちょうど、犬が自分を怖がっている人間に対していっそう声高に吠えたり嚙みついたりするのと同じだと述べています。

もし大谷選手が世間から叩かれることを恐れ、投打のどちらかに絞っていたとしたら、世間はもっと大谷選手に無責任な注文をつけていたかもしれません。投手より打者のほうがいい、いや打者より投手のほうが向いている、ホームランよりアベレージを狙え、変化球の種類を増やすべきだ等々……。その都度言うことを聞いていたら、大谷選手は早々に大舞台から消えていたでしょう。

それらをすべて跳ね返し、意に介さない強さがあったからこそ、今日の活躍があるわけです。もちろん、今でも注文をつける声はゼロではないでしょうが、けっして大きくはなりません。本人の思うまま、二刀流でも三刀流でもチャレンジし続けてもらいたいと多くのファンは願っているのではないでしょうか。

当たり前のように思われるかもしれませんが、「世間を恐れない」ことはなかなか大変です。同調圧力の強い日本ならなおさらでしょう。ふだん「世間」をあまり意識しないなら、所属する組織やご近所、よくやりとりをする仲間内などと置き換えてみればわかりやすいと思います。

その中で、何でも自分の思いどおりにはなりません。かと言って周囲の言いなりになっていれば、ストレスが溜まる一方でしょう。けっして幸福な状況とは言えません。

そもそもラッセルは、世間というものに対してかなり懐疑的です。〈重大な問題でもささいな問題でも、他人の意見が尊重されすぎているのではないか〉として、飢えたり投獄されたりすることを避けるために最低限の尊重は不可欠だが、〈この一線を越えて世論に耳を傾けるのは、自ら進んで不必要な暴力に屈することであり、あらゆる形で幸福をじゃまされることになる〉と説いています。

まったくそのとおり、と首肯される方も多いのではないでしょうか。

陽気に、無頓着に

とはいえ、〝世間様〟に背を向けて生きることは大変です。

うまく立ち向かう方法として、ラッセルは大きく二つの処方箋を用意しています。一つは〈**陽気に無頓着にやる**〉。ずいぶんお気楽な方法にも思えますが、それなりに理屈があります。

けっして世間を挑発するのではなく、もう自分にはこれしかないんだというスタンスで臨めば、〈この上もなく因習的な社会においても、大目に見られるようになる。次第に、天下御免の変り者のおすみつきを与えられ、ほかの人がやったら絶対許せぬと考えられるような事柄でも、許されるようになる〉とのこと。ただしこれには条件があり、〈ある種の人のよさと、人なつっこさ〉が欠かせないようです。

この方法を見事に体現しているのが、大谷選手ではないでしょうか。野球に向き合う真摯な姿勢と、何が起きても動じない芯の強さ、メディア等で見せる人あたりのよさと頭のよさ、そしてオフでの朗らかな笑顔など、誰もがつい応援したくなるような要素を兼ね備えています。もはや完全に〈天下御免の変り者〉の称号を獲得していると言ってもいいでしょう。

大谷選手が、これらを無意識で実践しているのかどうかはわかりません。もし、すべて野球をストレスなくプレーするための計算だったとすれば、それはそれで末恐ろしい感じもします。

いずれにせよ、まったくスケールは違いますが、私たちもこういう大谷選手の姿勢から学べることがあるかもしれません。所属するコミュニティにおいて、**いっそ〈天下御免の変り者〉と思われてしまったほうがラク**だということです。

もちろんものには限度があるので、「奇人変人」「危険人物」などと思われては逆効果。しかし「品行方正」「人畜無害」と思われ続けるのも疲れます。最も低リスクでそのイメージを払拭する方法は、笑いを取ること、端的に言えば**軽く恥をかく**ことだと思います。

大学の話で恐縮ですが、昨今はメンタルの弱い学生が多くなっています。真面目で優しくておとなしいのですが、ストレスに弱い。企業の採用面接でも、採用側が「おとなしすぎて人間性が見えづらい」「きついモノの言い方をしたら傷つきそう」と感じていることもあります。

だから企業の採用担当者などから話を聞くと、求める人材は一様に「心が強い人」。ちょっとしたことで心が折れてしまう社員が多いので、もっとタフな人に来てほしいというのが切実な望みなのです。

そこで私の授業では、以前から**ストレス耐性を高める**ような課題も出すようにしています。それが「**笑い**」です。

「無茶ぶり」がストレス耐性を高める

例えば『論語』の一文を選んで解釈を発表してもらった後、その一文にちなんだ「ショートコント論語」を披露してもらう。あるいは世界史や日本史上のある出来事についてレポートしてもらった後、その内容を最新のヒット曲の替え歌にして歌ってもらう、といった感じです。

宴会芸などで経験のある方ならわかると思いますが、お笑いのアイデアを練ることは、ふだんの勉強や仕事とは脳の使いどころがまったく違います。何を面白いと感じるかは人それぞれなので、そこには性格や、やや大げさに言えば生きざままで反映されます。加えて、それを人前で演じたり歌ったりするわけで、恥ずかしさを抑え込むだけのたいへんな度胸が必要です。

しかし、学生たちはさすがに多くのお笑い芸人やお笑い番組を見て育ってきたためか、それぞれにセンスがいい。それなりにウケるのです。そして一度でもこういう〝舞台〟を経験すると、今度はすっかり自信を持って急に気が大きくなる。**「人の目がどうした」「世間など恐るるに足らず」**と思えるようになるのです。これもストレス耐性の一種でしょう。

私は以前から学生に発表してもらう授業をメインにしてきましたが、そこにお笑いの要素を〝無茶ぶり〟するようになったのは数年前から。これには明確なきっかけがありました。フジテレビ系のバラエティ番組「全力！脱力タイムズ」に、レギュラーで「全力解説員」として出演するようになったことです。

同番組で、私は司会の有田哲平さんからさんざんな無茶ぶりを受けるのが常です。何かについてデタラメな説明を求められたり、いきなりDISH//の「猫」を歌えと言われたり。意に反して下手な歌が全国放送で流される恥ずかしさは、経験した人間でなければ理解できないでしょう。

それによって今さら気が大きくなることはありませんが、ある意味で開き直ることはできます。「番組的にそれが面白いなら協力しよう」「別に命まで取られるわけではないし」「できないと思っていたことも案外できる」という心境です。

だからその感覚を、ぜひ学生にもおすそ分けしたい。そう思い立って今日の無茶ぶりに至るわけです。「全国放送で恥をかくことに比べれば、君たちはずっと恵まれている」というのが私の決めゼリフです。

学生にも案外好評で、「おかげでメンタルが強くなった気がする」「人前で自分を出すことが怖くなくなった」といった感想が届いています。この中から、日本の将来を背負って立つ各界の大谷翔平が育つことを願うばかりです。

さて中高年の場合、今さら人から「笑い」を無茶ぶりされることは滅多にないでしょう。どちらかと言えば人に無茶ぶりする側だと思います。一歩間違えればパワハラと捉えられかねませんが、ぜひ節度を持って若い人のストレス耐性を鍛えていただければと思います。

また中には、私のように無茶な依頼を受ける機会もあるかもしれません。おそらく断ることも可能でしょうが、**面倒な話ほど引き受けてみると、案外いい社会見学・社会勉強になる**ようにも思います。

周囲の「無知の暴力」と対峙するには

そしてもう一つ、ラッセルが世間とうまく渡り合うために提示した処方箋は、少し大胆です。**自分に合うコミュニティを自分で探せ**、と説いているのです。

世の中には思想、信条、宗教など多様な考え方が存在しています。仮にAという思想集団の中にBという思想を持つ人がいたとしたら、その人はたいへんな孤独に陥ります。しかし同じBの思想集団に加われば、ストレスは大幅に軽減されるはず。これがラッセルの基本的な考え方です。

特に若い人について、大部分の不幸の原因はここにあるとまで述べています。例えば何かの本を読んで、一つの思想に目覚めたとします。まだ視野が狭い分、これこそ世界の真理だと思い込みやすいわけです。

一方、周囲はその本のことなど知らないし、知ろうともしない。だから当人がいくら発言したとしても、無視したり見下したりする。ラッセルはこれを〈無知の暴力〉と表現しています。

また当人はここでも視野が狭いため、自分の周囲こそ世界のすべてと思い込みやすい。つまり当人は、「世界の真理」と「世界のすべて」の板挟みに苦しめられることになる。〈このようにして、世の中を知らないために、ときには若いときだけ、往々にして一生涯、不必要な不幸のかずかずを耐え忍ぶことになる〉と警鐘を鳴らしています。

これらの話を逆説的に整理すると、ラッセルは大きく三つの主張をしていることがわかります。第一に、**理解者に囲まれた環境は幸福であるということ**。〈幸福は、同じような趣味と、同じような意見を持った人たちとの交際によって増進される〉そうです。

第二に、**今の集団にはたまたま所属しているだけであり、それが世界のすべてと思う必要はまったくないこと**。たしかに学校のクラスにしろ、就職先の職場にしろ、自分に合う・合わないは偶然でしかありません。仮にそこで孤立しても、集団側が正しいわけでも、世界中から孤立しているわけでもない。もっと広い視野を持てば、自分にとって居心地のいい集団に出会えるはずということです。

そして第三に、ただし**自分が常に正しいとはかぎらない**こと。ラッセルは、その例として俳優を目指す青年の話を挙げています。仮に両親が猛烈に反対したとしても、青年があきらめる必要はない。それは先の「集団側が正しいわけではない」と同じ理屈でしょう。しかし、プロの演劇人から「見込みなし」と言われれば、それは受け入れなければならない。〈初心者は、つねに専門家の意見を尊重しなければならない〉からです。とはいえ、両親に反対されて断念するとずっと後悔が残るでしょうが、プロから引導を渡されればあきらめがついて、次への一歩を踏み出しやすくなるはず。どちらがより幸福かは自明です。

これらをまとめると、自分に合った集団を自分で探そうという話になるわけです。合わなかった集団から合う集団に移れば〈性格ががらりと変わるように思われる〉としています。**内気で引っ込み思案が陽気で自信満々に、堅苦しさが人あたりのよさに、自己本位が社交的・外交的に**、といった具合です。

だから、例えば就職に対する考え方も、きわめて今日的で実用的です。

〈自分の環境とどうもしっくりいかないと思う若い人たちは、職業を選択するにあたっては、可能な場合はいつでも、気心の合った仲間が得られるチャンスのある仕事を選ぶように努めなければならない。よしんば、そのために収入が相当減るとしてもである〉

転職が当たり前になった昨今、こういう発想は重要でしょう。

在宅ワークで「知識創造」は可能か

以上は、ラッセルが主に若い人向けに記したメッセージです。ラッセルに言わせれば、中高年の役割は、彼らを手助けすること。つまり相応の人生経験を踏まえて、今の集団が世界のすべてではなく、他にも多様な世界があることを教えようというわけです。いわば、井の中の蛙に大海を見せる作業です。

ここに異論のある人はいないでしょう。ただ昨今は、中高年自身も転職する機会が以前より増えた印象があります。リストラによる場合もありますが、それは新たに自分に合ったコミュニティを見つけるチャンスでもあります。若い人より経験も知識も豊富な分、見当もつけやすいのではないでしょうか。

それに転職以前の問題として、コロナ禍を経て在宅ワークが増え、会議なども必要最小限に、それもオンラインで行うケースが増えたため、ソリが合わない同僚や部下と四六時中顔を合わせることもないし、コミュニケーションも最低限で済ませられるわけです。以前より、集団と自分とのズレのようなものを意識する必要がなくなったとも言えるでしょう。その意味では、ずいぶんストレスが軽減されたようにも思います。

ただし、逆に懸念すべきはクリエイティビティの不足です。一九九〇年代の経営学のベストセラーに、『知識創造企業』（東洋経済新報社）があります。一九七〇年代以降、急速に世界市場に躍り出た日本企業の強さの源泉を、一橋大学教授の野中郁次郎先生と竹内弘高先生が解き明かした一冊です。

ポイントは、社員個々人の技術や知識、経験などの「暗黙知」を、組織全体で共有・発展させ、明文化・具体化して「形式知」に変えること。それが組織としての「知識創造」であり、その重要性は今後ますます高まるはずです。「暗黙知」「形式知」と言えば、特に中高年で知らないビジネスパーソンはいないと言っても過言ではありませんが、この言葉を最初に広めたのが同書です。

ここで欠かせないのが、社員どうしのコミュニケーション。それもかなり濃密なものでなければ、暗黙知から形式知を導き出すことは難しいでしょう。私の経験上も、杓子定規な「企画会議」等では、なかなかいいアイデアは出てきません。**一見すると雑談風の会話の中でしだいに盛り上がり、小さなアイデアに別の新たなアイデアが次々と積み重なることで、斬新な結論に至る**というパターンが多かったと思います。場合によっては、居酒屋で数時間にわたって議論を続けることもありました。その時間自体が楽しいし、その複数の参加者による熱量がアイデアを創発するのです。

さて今日、ムダな会議が減ったことは歓迎すべきでしょう。ただオンラインによる会議で、どこまでクリエイティブになれるか、熱量を共有できるかは今のところ未知数のような気がします。どんなコミュニティに所属しても、自分が熱くなれなかったり、好き嫌いや合う・合わないすら感じられないようでは、あまり意味がありません。

リモートかリアルか——自分の相性とも絡めて、今後しっかり検証していく必要があるでしょう。

「オンライン飲み会」が生み出すバーチャルな幸福空間

コロナ禍が変えたのは、企業のコミュニティのあり方だけではありません。プライベートの人間関係や時間の使い方にも、少なからず影響を及ぼしていると思います。

まずプラス面としては、1章でも触れたように、以前から退潮気味だったノミニケーションの機会がますます減ったことです。これは特に若い人にとってたいへんな僥倖《ぎょうこう》でしょう。

一方、オンラインの会議システムはプライベートでも活用できます。コロナ禍を機に、いわゆる「オンライン飲み会」を経験された方も多いと思います。これなら忙しい人でも、海外にいる人でも参加しやすいし、電話やメールよりずっと身近に感じられます。むしろ、疎遠になっていた人と再会できるチャンスが広がったとも言えます。対面で息づかいを感じるほどではないにせよ、リアルタイムの会話を共有することで、仲間意識も芽生えやすいのではないでしょうか。

私も先日、大学時代の友人たちとのオンライン飲み会に参加しました。もともと年に二～三回は集まるメンバーですが、企業経営者や取締役クラス、弁護士など、いずれも多忙な面々ばかり。弁護士氏がさすがに手慣れた様子で開催候補日フォーマットのようなものを作成して全員に配布したところ、開催日時はあっという間に決まりました。しかも、参加者はいつもより多めです。まさに場所を選ばないので、誰でも参加しやすかったのでしょう。

話題はお互いの近況報告など。ふだんなかなか会えないので、画面上とはいえ一堂に会する機会は貴重です。「飲み会」の名目ながら実際に飲んでいる人は少数でしたが、やはり会話できることは楽しい。コロナ禍の行方とは関係なく、今後もこういうコミュニケーションのとり方は一定の市民権を得ていくのではないでしょうか。

言い換えるなら、ラッセルの言う**「自分に合う集団」を、オンライン上とはいえ以前よりずっと簡単に見つけたり作ったりしやすくなった**わけです。ラッセルは当時のクルマ社会の台頭を踏まえて、〈つきあう相手としてすぐ隣りの人を選ぶ必要は、さらにない〉〈ただ近くにいるという理由よりも、気心が合うという理由で友人を選ぶことが、ますます可能になってきた〉と述べています。

ネット社会は、これに拍車をかけていると言えるでしょう。その分、私たちの幸福度は確実に上がっているはずなのです。

居心地のよさがメンタルを弱くする

ただし、懸念がないわけではありません。自分に合わない集団とは適当に距離を置き、合う集団とばかり接する自由が確保されているとすれば、それもオンライン中心で濃密には関わらないことが可能だとすれば、**人間関係のストレス耐性をどこで身につけられるのか**、ということです。

ストレスの軽減自体は間違いなく喜ばしいことです。しかし先に述べたとおり、今の若い人の大きな弱点はメンタルの弱さです。その弱さに合わせて社会全体が改善に向かっているとも言えますが、このままではストレス耐性は身につきません。

一方、若いころに自分の意思と関係なくノミニケーションにつき合わされた記憶のある今の中高年にとっては、隔世の感があるかもしれません。「あの時間を返してほしい」「あのストレスをどうしてくれる」という恨み辛みを抱える人も少なくないでしょう。

しかし、おかげで**メンタルが鍛えられる**部分もあるはずです。ノミニケーションどころか、例えば「接待ゴルフ」に駆り出されれば、休日返上で早朝から出かけ、癖の強い取引先などと一日中一緒にコースを回り、食卓を囲み、風呂で〝裸のつき合い〟までせざるを得なかったわけです。もともとゴルフが好き、もしくは取引先と相性がいいならまだしも、そうでなければ地獄のような一日でしょう。

ただ、こういう経験によって、社会人とは何か、目上の人とどう接するかを学んだ人も多いのではないでしょうか。逆にこういう経験から逃げ続けると、鍛えられる機会も失います。それで逃げ切れればいいのですが、ビジネスの世界はそう甘くはありません。結局、ちょっとストレスを加えられるだけで、必要以上に辛く感じてしまったりするのではないでしょうか。

もちろん程度の問題ではありますが、人間には**辛い思いをする経験も必要**なのです。知り合いのお医者さんから聞いた話によると、あまりにきれいな環境で育てられた身体は、アレルギーになりやすいそうです。だから、小さいころからある程度の雑菌に触れ、耐性をつけることが大事とのこと。社会の中で面倒な〝大人〟に揉まれたり、面倒な状況に追い込まれたりすることも、これと同じだと思います。

今の中高年なら、それをよく知っているはずです。後世のことを思うなら、多少嫌われることを覚悟の上で、面倒な〝大人〟を演じることも必要かもしれません。つまり、後輩や部下に対して**適度なストレス**を与え続けるということです。

居心地のいい空間で過ごすのもいいですが、**居心地の悪さを乗り越えたところにも充実感や喜びがある**。そう次世代に伝えることも、ストレスの何たるかを知る中高年の役割ではないでしょうか。

「単独者」として門を叩け

また中高年自身も、さらなるストレス耐性を身につける必要があると思います。端的に言えば、それは**「孤独に耐える」**ということです。

多くの中高年にとって、現状の日々はある程度安定していると思います。仕事があり、家庭があり、贅沢はできなくても必要十分なモノを持ち、余暇の楽しみ方もそれなりに知っている、といったところでしょう。

しかし今後、いつか職場を離れたり、役割が変わったりする日が来ます。また子どもも独立して家を出ていくかもしれません。老後の蓄えは人それぞれですが、体力的にそうアクティブでもいられないでしょう。頻繁に会う仲間がいたとしても、年齢を重ねるごとに疎遠になることはよくあります。

つまり、**これまで当たり前にあったものが、しだいに削がれていくのが人生後半のプロセス**だと思います。好むと好まざるとにかかわらず、「孤独」になっていくわけです。

ただし、「孤独」というと「＝友人が少ない＝不幸」などとネガティブに捉えられがちですが、必ずしもそうではありません。むしろ、**新しい扉を開くチャンス**にもなり得るのです。

例えば、漫画を原作とするテレビドラマ「孤独のグルメ」の大ヒットは、記憶に新しいところです。中年男性が常に一人でご飯を食べるだけの話ですが、その魅力は番組の冒頭で語られる以下のナレーションに集約されています。

「時間や社会にとらわれず、幸福に空腹を満たすとき、つかの間、彼は自分勝手になり、『自由』になる。誰にも邪魔されず、気を使わず物を食べるという孤高の行為。この行為こそが現代人に平等に与えられた、最高の『癒し』といえるのである」

実際、このドラマを見て「寂しい」「辛そう」などと感じる人はいないはずです。一人だからこその気ままな食事風景に、自分も行ってみたい、同じく気ままに食べてみたいと思うことが多いのではないでしょうか。

また社会全体としても、かなり「おひとりさま」「一人〇〇」が市民権を得るようになりました。「一人焼肉」「一人鍋」などのお店は珍しくないし、「一人温泉旅行」や「ソロキャンプ」もちょっとしたブームのようです。一人で行動するこの楽しさ・気楽さに、少なからぬ人が気づきはじめたということでしょう。コロナ禍によって人に会いにくくなり、「個食」が推奨されたことも、この傾向に拍車をかけました。**孤独である**

ことは、もはやけっして不幸ではないのです。

あとは、言葉のイメージの問題でしょう。「孤独」に寂しさが漂うなら、「単独」と言い換えればいい。「孤独行動」とは言いませんが、「単独行動」ならまったく違和感はありません。

実際、私は「**単独者**」という言葉を意図的に使っています。大学には、教員が学生に講義内容を提示する「シラバス」という文書があります。学生はそれを読んで、どの授業を受講するかを選択するわけです。

私は自分の「シラバス」において、「単独者として門を叩け」と学生にメッセージを送ることを常としています。友人どうしで示し合わせて選ぶのではなく、自分の意思だけで入門してほしいということです。

これは単に心構えの問題ではなく、実践的な意味もあります。私の授業では四人程度を一グループにしてそれぞれディスカッションしてもらうことがよくあります。そのとき、友人どうしで受講していると、その仲間内だけでグループを作ってしまう。彼ら自身は楽しいでしょうが、それでは空気が緩み、いい議論にならないのです。

その点、単独者どうしであれば緊張感が漂います。お互いに真剣に話し合うので、面白い結論も出る。それに何より、その場で新しい友人関係が生まれることもあります。**単独者として臨むからこそ、出会いに恵まれる**わけです。

これから「孤独」に立ち向かう中高年にも、同じことが言えると思います。「孤独」だと悲嘆に暮れるのではなく、むしろ「**単独者**」**として各方面の門を叩くチャンスが広がった**と考えるほうが、よほど将来に展望を持てるのではないでしょうか。

6章

日常の中から「幸福の芽」を見つけよう

世の中と関わりたいという「熱意」を持ち続けよう

『幸福論』の魅力の一つは、しばしば奇異でありながら的確で説得力のある比喩を用いていることです。

以下の「二台のソーセージ製造機」を擬人化した話もその一つ。いずれも精巧な機械で、そのうち一台目は〈ブタへの熱意を持ちつづけ、無数のソーセージを製造〉。しかし二台目は、〈私自身のしかけのほうが、どんなブタよりもずっとおもしろいし、すばらしい〉としてソーセージの製造を放棄。代わりに自身の機械内部の研究に没頭します。ところが、外部から材料を取り込まなければ、どれほど精巧な機械も機能しません。結局、二台目は研究を進めれば進めるほど単なる鉄の塊と化し、自身の存在価値を見失ってしまうのです。

まるでイソップ物語のような話ですが、ここでラッセルが強調しているのは、外部に対して持つ「熱意」の重要性です。人間もソーセージ製造機と同じで、**内向的に凝り固まってばかりではやがて枯渇する。外部からさまざまな材料を取り込み、笑ったり、怒ったり、感動したりすることが人間の幸福感につながる**のではないか、というわけです。

それも機械なら誰かが決まった材料を投入してくれますが、人間の場合は自分でそれぞれ調達する必要があります。その原動力が〈**熱意**〉であると説いています。

例えば毎日の食事にしても、何か食べないと身体に悪いからという理由で義務的に食べている人や、いわゆる美食家で高級食材しか受け付けないという人、あるいはとにかく大量に食べて満腹感さえ味わえればいいという人などさまざまですが、そうした人びとに比べて一つ一つの食材を味わいながら感謝して食べている人は外部に関心を持つという意味で、明らかに幸福感が高いでしょう。

これは、世の中のあらゆるものに当てはまります。〈人間、関心を寄せるものが多ければ多いほど、ますます幸福になるチャンスが多くなり、また、ますます運命に左右されることが少なくなる〉とラッセルは言います。仮に関心の対象が一点集中だと、その動向しだいで右往左往させられる恐れがあります。しかし複数あれば、そのうちの一つとの関係性が変わっても大勢に影響はないでしょう。

一例として挙げているのが、**フットボール（サッカー）の観戦**。関心を持つに越したことはないわけですが、ラッセルはわざわざ〈楽しむ人は、その分だけ、楽しまない人よりもすぐれている〉という言い方をしています。

楽しみは個人の勝手であり、優劣の問題ではないようにも思えますが、ラッセルの見方は少し違います。**楽しめるということは、それだけ社会に適応できている**ことを指す。それを能力として見なしているわけです。社会を自分の思いどおりに変えることは不可能ですが、だからといって背を向けると日常は一気に色褪せます。ならば自分が社会に合わせ、適度に捨象してつき合えばいい。それが適応するということです。

たしかにサッカーを好きになると、世界中にいる無数のサッカーファンとコミュニケーションを図れるようになります。これは適応以外の何者でもありません。

例えば二〇二一年夏、スーパースターのメッシが長く在籍したFCバロセロナを離脱し、パリ・サンジェルマンFCに移籍して大きな話題になりました。バルセロナのファンが悲嘆に暮れる一方、スター選手をかき集めた感のあるサンジェルマンには「新・銀河系軍団」として期待が寄せられました。これらの話題だけで何時間でも話せるというファンが、おそらく世界中に多数いると思います。その輪の中に加わりたい、もしくは自分も一家言あるというだけでも、幸福度はずいぶん上がるのではないでしょうか。

ラッセルがさらに推奨しているのが、**読書**です。〈フットボールを観る機会よりもずっと多いから〉という冗談のような理由を挙げていますが、それだけではないでしょう。

きわめて簡単に、世界の森羅万象を知ることができる。場所も時間も選ばず、自分一人でまったく無縁だった分野と接点を持てるわけです。

必要なのは、「読んでみようか」という微かな熱意と好奇心だけ。**一冊を手に取った時点で、新しい世界への適応が始まる**と言っても過言ではないでしょう。もはや不幸になりようがない、という気さえします。

「俳句」のすすめ

読書よりさらに気楽に社会への興味・関心を広げようと考えたとき、そのとっかかりになりそうなのが「**俳句**」です。

少し前、フジテレビ系の夕方の報道番組「イット！」にコメンテーターとして出演したときのこと。大谷選手の活躍ぶりを、AP通信のアメリカ人記者が「Ohtani Haiku」と称してSNSにアップしているという話題がありました。それが以下です。

Shohei with yard shot
Number 38 this year

Jays and Angels tied

これを「俳句」と呼んでいいかどうかは迷うところですが、スタジオではこの話を受けて、MCから「では齋藤先生も一句お願いします」。

ひねり出したのが、以下の句です。何度かにわたって大谷俳句を作る羽目になりました。

翔タイム　光る投打に　涼を取り
秋高し　投手の放つ　本塁打
口《くち》あんぐり　あけて眺める　名月打《ムーンショット》
大鷲《わし》の　翔《と》びて平《おさ》むる　球場《ボールパーク》

いずれも、けっしてうまい句ではないことは自覚しています。生放送ですから、とにかく作らなければならないのです。テレビ番組である以上、何よりもわかりやすさが優先されます。妙に凝って一人悦に入るわけにはいかないのです。

ただし、俳句の主役は季語です。つまり季語を入れて季節感さえ出せば、それらしく聞こえることも事実です。「涼」や「秋高し」、あるいは「天高し」といった言葉があるだけで、以下にどんな言葉を続けても俳句風になる。実はこれが、俳句の最大の魅力なのです。

バラエティ番組「プレバト!!」での俳人の夏井いつきさんの活躍もあり、昨今は俳句がちょっとしたブームになっています。たしかに、これほど手軽にできる〝遊び〟はありません。教養を身につけることにも、頭の体操にもなります。さらに、句を通じて幅広く世の中に関心を持つことにもつながります。仕事の第一線を退いて空き時間が増えそうな中高年なら、趣味の一つとして加えておいて損はないでしょう。

世の中を観察して「一日一句」を

俳句の楽しみ方は大きく二つ。まず、**人の作品を「読む」**こと。テレビでよく見るタレントさんが、その人らしい句を詠んだり、逆にらしからぬ句を披露していたりすると、いっそう親近感が湧いてくると思います。

そこで俳句に興味を持ったら、次は時代を超えて日本の俳壇史が誇る俳人たちの作品に触れてみてはいかがでしょう。例えば、以下のような有名な句があります。

荒海や佐渡によこたふ天河（松尾芭蕉）
菜の花や月は東に日は西に（与謝蕪村）
うつくしや障子の穴の天の川（小林一茶）
秋刀魚焼く匂の底へ日は落ちぬ（加藤楸邨）

いずれも、情景がパッと頭に浮かんでくるのではないでしょうか。こういう句を読むと、「名句」と呼ばれる理由がわかると思います。わずか一七音の文学なので、そこに大感動や号泣が待っているわけではありません。しかし、「わかる！」と感じることが大事で、それは人間としての感性が鈍っていない証拠です。その作品が醸す世界に浸ることで、少しだけ心が豊かになる気がする。それが「読む」醍醐味です。

そしてもちろん、こういう句に接すると、「自分も詠んでみようか」という気になると思います。絵画や音楽を作るとなると、それなりの技術や準備が必要になります。しかし俳句なら、上手下手は別として、日本語を読み書きできれば誰にでもできます。それが二つ目の楽しみ方です。

例えば、**一日に一句ずつ詠む**と決めてみてはいかがでしょう。出来不出来は関係ありません。とにかく季語を入れて五七五で整えれば、それで十分。もちろん、誰かと比較したり競争したりするものでもありません。

とはいえ、せっかく詠むなら自分なりの快心作を残したいもの。それには大きく二つのコツがあります。一つは、日常生活での〝気づき〟を込めること。大谷選手のホームランを見て感じたこと、近所の公園の花を見て思ったこと、新聞を読んで湧いた疑問など何でもいいのです。

逆に言えば、一日に一句ずつ詠むためには、毎日世の中の何かに気づいて自分なりに解釈し、言葉に置き換える必要があるということです。そういう意識で日々を過ごすと、世の中の景色が変わって見えてくるのではないでしょうか。

しかも、その作業を繰り返すことで、気づきのセンサーが発達してきます。これは『幸福論』が一貫して訴える「外側に関心を向けよ」というメッセージとも合致します。わずか一七音なので、自分の内側を切々と吐露するスペースはありません。その潔さが、俳句の魅力なのです。もしラッセルが日本人なら、間違いなく「**幸福のコツは俳句にあ**

り」と提唱していたことでしょう。

もう一つのコツは、季語のレパートリーを増やすこと。そのために存在するのが「**歳時記**」です。書店に行けば何種類も置いてありますが、季節ごとに言葉を分けて解説し、それを使った俳句の例をいくつか紹介するのが一般的なパターンです。

手元にあれば、自分の感性にピタリと当てはまる言葉を見つけることができるでしょう。それ自体も楽しいですが、それだけではありません。パラパラめくっているうちに、意外な言葉が意外な季節の季語だったり、日本人の歴史や美意識を知ったり、はっと息を呑むような名句に出会ったり等々、さまざまな発見があるはずです。それは日本語や日本文化について造詣を深めることであり、つまりは教養を身につけることにつながります。

日々何かに気づき、そのたびに教養人としてステップアップできるとすれば、幸福度はかなり高くなるはずです。

自分の心情を吐露するなら「短歌」がおすすめ

あるいは自分の心情をもっと表現したいなら、**短歌**がおすすめです。後半の七七の分だけ、思いを込めやすいのです。例えば石川啄木の歌集『一握の砂』にある以下の歌からも、それはわかるでしょう。

友がみなわれよりえらく見ゆる日よ花を買ひ来て妻としたしむ
大といふ字を百あまり砂に書き死ぬことをやめて帰り来れり
東海の小島の磯の白砂にわれ泣きぬれて蟹とたはむる

自分の弱さ、せつなさ、ひがみ根性のようなものまで見事に表現されています。
あるいは戦後の初等教育のあり方に一石を投じた教育者・斎藤喜博は歌人でもありました。彼はその姿勢により、教育界のさまざまな人と激しく対立するわけですが、その時々の感情を以下のように短歌にぶつけています。

人をたたきのめすはわが得意中の得意にて孤独なるよりなほあはれなり
馘首されることなど平気でゐる妻がミシン買ひ人形つくり地下足袋を売りに行く
つくづくと教師がいやになりてをり車引きて生きられるなら楽しからむに

俳句よりわずか一四音多いだけですが、様相がずいぶん違うことがわかると思います。自分の感情を表現しやすいわけです。俳句に飽き足らず、もっと自分の心情を吐露したいとか、世の中に一言もの申してみたいという場合には、短歌にチャレンジしてみるのも面白いかもしれません。いずれにせよ必要なのは、言葉だけです。

では言葉とは何か。かつて私はＮＨＫ・Ｅテレの番組「ＮＨＫ俳句」に出演した際にそう尋ねられ、**「思考を形成し、分かち合う文化遺産」**と回答しました。第一に、言葉は自分たちが作ったものではなく、先人から無償で受け継いだもの。その意味でたいへんな文化遺産なのです。言い換えるなら、私たちは**「日本語継承者」**としての自覚を持ち、後世に伝える義務も負っているわけです。

第二に、言葉は個々人の思考に欠かせません。自分の感情を当てはめたり、論理的にものごとを整理したり、アイデアを出したりするのも、すべて「言葉ありき」です。**言葉が私たちの意識や脳を動かしている**わけです。

そして第三に、**言葉は共有財産**なので、他者と分かち合ったり、戦わせたり、交換したりすることができる。そこに喜怒哀楽が生まれ、生きる意味を見出せたりするわけです。以上の三つが、私の考える「言葉」の定義です。

もちろん音楽や美術なども私たちに多くの感動を与えてくれますが、言葉はものごとをきわめて繊細に表現できるという意味では、私たちにとっての〝武器〟でもあります。

幸福の要素の多くは、言葉で占められていると言えるかもしれません。

だとすれば、それをいかに使いこなすかが、幸福度を大きく左右するはずです。その手段の一つが俳句や短歌であると考えれば、いっそう創作意欲が掻き立てられるのではないでしょうか。

〝作品〟をネット上に投稿してみては？

まして昨今なら、誰でもネットを通じて〝作品〟を発表することができます。それは俳句や短歌のみならず、ブログでの生活雑感や意見表明も可能。ビューの数やコメント等で逆にストレスになることもありますが、世間に向けて公開する以上、いっそう感性を研ぎ澄まして言葉を紡ごうとするはずです。それは言うまでもなく、社会をより精緻に観察しようというモチベーションにもなります。

例えば大御所ですが、松岡正剛さんがネット上で長く連載されている**書評サイト「千**

夜千冊」は有名でしょう。一冊一冊をたいへん丁寧に、しかも鋭い切り口で紹介されていて、文章自体がクリエイティブで教養にあふれています。それらはテーマごとに編集されて書籍（角川ソフィア文庫）にもなっています。

しかもその記事は、読む側もポジティブな気分にさせてくれます。紹介された本をぜひ読んでみたいと思うし、松岡さんの視点を借りるのでスッと頭に入ってくる。その上で、自分も書評めいたものを書いてみたいと思うようになる。言葉の力でここまで人を動かすという意味でも、松岡さんの仕事は偉大だと思います。

そんな松岡さんを見習って、ぜひ何か書いてネット上でもSNSにでも上げてみればいいと思います。書評なら一〇〇〇冊は無理でも一〇〇冊を目指すとか、俳句や短歌なら投稿を心がけるとか、あるいは映画評でも音楽評でもエッセイでも、とにかく自分の好みしだいです。あらためて言うまでもありませんが、いわゆるYouTuberをはじめ無数の個々人が自己表現の場をネット上で得ていることは周知のとおりです。

ただし、気をつけるべきことが二つ。一つは、**他者の目を気にしすぎない**こと。ビューが少ないのは当たり前。場合によっては批判や誹謗中傷に近いコメントを寄せられるので、それらが気になるならコメント欄は閉鎖するほうがいいでしょう。

ここで思い出すべきはゴッホの生き方です。今でこそ歴史に残る画家とされていますが、生前はまったく評価されませんでした。それでも生涯にわたって絵画を描き続けたわけで、その心境は想像を絶するものがあります。そんなゴッホを見習い、「現世では相手にされなくても、いつか後世の人が評価してくれるかも」と思うぐらいでちょうどいいかもしれません。

そしてもう一つ、**自らが誹謗中傷の書き手にならない**こと。これもネット上でよく言われることですが、一定の匿名性が確保されている分、何でも好き勝手なことを書いていいと勘違いしがちです。

例えば本や映画などの作品を評価する際、建設的な批判は基本的に問題ありません。しかし、その作品を楽しんでいる人もいるはずなので、わざわざ悪く書く必要はない気もします。多くの人に勧めたいときだけコメントし、それ以外は黙ってスルーするのが大人というものでしょう。

まして、それが人格攻撃や罵詈雑言になると、まったく意味が違ってきます。それは言葉の暴力でしかありません。

もっとも、誹謗中傷的な書き込みは、おそらく今後減っていくでしょう。たとえ匿名でもアカウントから本人が割り出され、訴訟に発展するケースも少なくないからです。それはともかく、言葉を使ってどんな表現をしてもまったく自由であり、積極的に取り組むほど充実感を味わえることは間違いありませんが、そこには責任もともなうということです。それはネット上であれ、リアルな社会であれ同じです。

「没頭」が悩みを吹き飛ばす

先の東京オリンピック・パラリンピックは、日本人選手の活躍も目立ちました。とりわけ注目を集めた一人が、今大会で初めて採用されたスケートボード競技で金メダルを獲得した四十住《よそずみ》さくら選手でしょう。

競技後、私がコメンテーターとして出演したフジテレビ系の報道番組「イット!」でお話を伺う機会があったのですが、その発言がたいへんユニークでした。

まず四十住選手にとってスケートボードはどういう存在かと問われて、「彼氏です」。その回答に乗せて「では金メダルを取られたので、もう結婚して夫になりましたか」と質問すると、「なりません。スケボーは三ヵ月ぐらいでどんどん取り替えるので」。彼氏ならどんどん取り替えられるという発想に、私はつい笑ってしまいました。

続いて私が一般的な質問として「大会までの悩みや心配ごとは?」と尋ねると、「まったくないです」とのこと。さすがに世界の頂点に立つ方のメンタルは、常人とは違うようです。競技そのものが楽しくて仕方がないので、余計な悩みなどを抱えることもないのでしょう。

このスタンスは、私たちもおおいに参考になると思います。今から金メダルを目指すのは無理としても、**何か熱中できるものがあれば、少なくともその時間は世事の悩みや心配を吹き飛ばすことができる**。これも幸福の条件の一つになり得ます。

この点について、ラッセルは「科学者」こそ最も幸福であるとしています。とにかく研究に没頭することにより、〈情緒的には単純で、仕事に深い満足をおぼえている〉からです。

それに、現代社会において科学の発展は不可欠なので、科学者の重要性は〈彼ら自身にも一般人にもつゆ疑われていない〉。たとえ研究の中身が誰にも理解されていなくても、世間から寄せられる尊敬の念は変わりません。だから、複雑な感情を持つ必要がなく、仕事に邁進できるとしています。

金メダリストと同様、今さら科学者への道も厳しいかもしれません。しかし、興味の赴くままに、何かの調査や研究に没頭することは可能です。例えばＴＢＳ系の「マツコの知らない世界」という番組があります。マツコ・デラックスさんを相手に、ある分野に異常に詳しい方が出演してその奥深さを語るというものです。対象は「冷凍食品」とか「蚊」とか「苔」とか「受験参考書」とか。身近なものでも、実はたいへんな世界観があることに驚かされます。

こういう研究は、入り込むほど面白くなり、抜け出せなくなるはずです。ラッセルによれば、それはある種の〝友情〟に近いとのこと。人を好きになることが幸福の最大の源であるとした上で、〈地質学者が岩石に対し、考古学者が廃墟に対していだく興味には、どこか友情に似通うものがある〉と指摘しています。四十住選手がスケートボードを「彼氏」と呼んだのも、これに近いかもしれません。

共通の興味でコミュニケーションが生まれる

そしてもう一つ、何かの世界にのめり込むと、そこにはかならず先輩や同好の士がいて、必然的にコミュニケーションが生まれます。

例えば当時よく話題になりましたが、スケートボード競技が異色なのは、プレーヤー全員が〝仲間〟であるところ。一人が難しい技に成功すれば、国籍とは関係なく全員が拍手をして喜ぶ。あるいは失敗すれば慰める。本来は競争相手のはずですが、ライバル心をむき出しにして競い合う様子はまったく見られませんでした。

むしろ、戦う相手は自分自身。〝仲間〟の声援と賞賛があるから、より難しい技にチャレンジしようというモチベーションも湧きやすいのでしょう。たいへんすばらしい競技のあり方だと思います。

見方を変えれば、四十住選手はスケートボードの技を極めることによって、世界中に友人を作ることができたわけです。このプロセスも、私たちはおおいに見習うべきでしょう。

例えば、囲碁や将棋に興味を持って碁会所や将棋道場に通うのもよくあるパターンです。そこには小学生や中学生の上位者がいて、大の大人が簡単に負けてしまったり、教えを請うたりする。一般社会ではなかなか見られない光景です。

また私のクルマ好きの知人は、その趣味が高じて同好会のようなものを作ってしまいました。彼らは集まると、ひたすらクルマの話をして飽きることがないらしい。誰かが新たにクルマを買うと、「納車式」と称して盛り上がったりするそうです。少々子どもっぽい盛り上がり方が楽しそうです。こういうコミュニケーションの楽しみが日々の充実感や幸福感につながることは間違いないでしょう。

あるいは仲間とまでは行かなくても、**同時代を生きる特異な人物に注目し続ける**のも面白いかもしれません。

例えば今、その一挙手一投足が何かと話題になる経営者といえば、テスラのイーロン・マスクCEOでしょう。同社は単なる電気自動車のメーカーではありません。太陽光発電や蓄電、充電、システム管理などを一括して担うエネルギー供給会社の大手でもあります。

また、周知のとおりマスク氏は宇宙開発企業スペースXのCEOでもあります。氏の構想によれば、二〇五〇年までに火星に一〇〇万人都市をつくるとのこと。まったく夢物語のようにも思えますが、そうではありません。同社は今後一〇年で一〇〇〇機の宇宙船を建造する計画を立てているそうです。

実現するかどうかはともかく、こういう構想を練る人物が同時代に存在しているだけで面白い。だいたい二〇五〇年といえば、マスク氏自身も存命かどうか微妙なところでしょう。それでも構想してしまうところに、壮大な社会性を感じます。その進捗とともに、次の言動を追いかけるだけでも十分楽しめるのではないでしょうか。

ラッセルは以下のように強調しています。

〈あなたの興味をできるかぎり幅広くせよ。そして、あなたの興味を惹く人や物に対する反応を敵意あるものではなく、できるかぎり友好的なものにせよ〉

シンプルで説得力のあるメッセージだと思います。

ＹｏｕＴｕｂｅは中高年こそ楽しめる

ただし中高年になると、しだいに体力的な疲れが残りやすくなります。集中力も続かないし、いろいろ面倒くさくなる。

ラッセルもこう述べています。

〈人間、疲れれば疲れるほど、外部への興味が薄れていく。そして、外部への興味が薄れるにつれて、そうした興味から得られる息抜きがなくなり、ますます疲れることになる。この悪循環は、結果的にとかく神経衰弱を引き起こしやすい〉

身に覚えのある方は多いのではないでしょうか。

ではどうするか。より強い刺激を求める興味をつなぐのも、一つの方法かもしれません。しかしそれでは、余計に疲れる恐れがあります。例えば自分の仕事に関連する読書は、興味はあると思いますが、日々の仕事がチラついて息抜きになりません。あるいはギャンブルも、その瞬間だけ世事をいっさい忘れられるでしょうが、現実的な利害が絡むので心が落ち着きません。

ラッセルが推奨しているのは、〈私心のない興味〉で時間を過ごすこと。仕事とは無関係で、選択や判断を迫られないものが当てはまります。一例として挙げているのが、〈スポーツの試合を観たり、劇場へ行ったり、ゴルフをしたりすること〉。あるいは読書も、仕事と関係なければまったく申し分ないとしています。要するに、**役立つとか学べるなどと考えず、ただ楽しめればいい**ということでしょう。

その観点で考えるなら、私が特におすすめしたいのはＹｏｕＴｕｂｅです。先日も、私は往年の時代劇「必殺シリーズ」に関連する動画を見つけ、つい見入ってしまいました。私の世代にとっては懐かしい映像ばかりです。ふだんはすっかり忘れていても、一つの映像をきっかけにして思い出すことは多々あります。ムダといえばまったくムダな時間の使い方かもしれませんが、心を休ませるにはちょうどいい気がします。

ちなみに私は、このシリーズのサントラのＣＤを何枚も持っています。わかる方にはわかると思いますが、いざこれから「仕事」を始めようとするときに流すと、ちょうどいい感じに気分を盛り上げてくれるのです。

あるいは往年の刑事ドラマ「キイハンター」や「Gメン'75」や「太陽にほえろ」。おそらく昔のドラマ名で検索すれば、何らかの動画が多数ヒットすると思います。またキャンディーズやピンク・レディーといった往年のアイドルの映像も当然あります。どんどん検索すれば、〝お宝〟的な映像を掘り出せるかもしれません。こういうものを見て**昭和の情緒を懐かしめるのは、長く生きてきた中高年層の特権**でしょう。

しかも周知のとおり、ある動画を見ると似通った分野の動画をＹｏｕＴｕｂｅ側が勝手に推奨してくれます。それらを見ることで、また自分の知らない世界に興味が広がるかもしれません。これこそネット時代の「温故知新」とも言えるでしょう。そういうものが増えれば増えるほど、現実から逃避できる時間も増えるはずです。

お笑い芸人さんのＹｏｕＴｕｂｅは、テレビとはまた違う面白さがあり、よく見ます。チョコレートプラネット、さらば青春の光、鬼越トマホーク、岡野陽一、かまいたち……みなさん、気を楽にさせてくれます。

ちなみに、最近ハマっているのは、レイニッチ（Rainych）というインドネシア女性です。日本語の新旧の歌が見事で、新鮮な感動と驚きがありました。日本語の可能性を広げてくれています。

いずれにせよ、こうした動画を無尽蔵に、しかもほとんど無料で見ることができるＹｏｕＴｕｂｅは恐るべき存在だと思います。疲れた中高年こそ、おおいに利用しない手はありません。

新聞を支えよう

ＹｏｕＴｕｂｅにかぎった話ではありません。インターネットというと若い人のほうが使いこなしているイメージがありますが、むしろけっしてアクティブではない中高年にとって使い勝手がいい気がします。

特にネットニュースについては、中高年こそ広く深く読むべきでしょう。それはビジネス上の話題に遅れないためだけではなく、ラッセル流に言えば外部に目を向けること自体が幸福のカギだから。どんな社会問題も単純なものではなく、さまざまな要素や立場が絡み合って生まれています。その全体像を把握するにはニュースが不可欠で、それも毎日読み込む必要があります。

それが苦痛かといえば、けっしてそうではないでしょう。常に最新の情報に触れ、全体像が見えてくるとともに問題意識が芽生えてくれれば、それ自体が充実感になります。ラッセルのように実際にアクションを起こすかどうかは別として、社会の種々の問題について自分の頭で整理して見解を持つことは、脳の活性化につながるとともに、後世に対する責務でもあると思います。

それはともかく、ここで注意すべきは、そのニュースを提供しているのは誰かということです。いわゆる「コタツ記事」と揶揄《やゆ》されるような価値の低い情報も無数にありますが、しっかりした報道となると、担い手はやはり新聞社や出版社です。

ところがネット上のニュースといえば、無料で読めることが当たり前のようになっている。合理的に考えて、これは本来おかしいはずです。取材や原稿作成には当然コストも労力もかかるので、読者としてはその対価を払うのが筋でしょう。ニュースはタダ、という前提を根本から改める必要があると思います。

このままでは、新聞社や出版社の体力が衰えます。そうなると真摯に取材した記事が減り、私たちが知るべき事実が知らされないことになる。それは民主主義の危機です。メディアとしてはテレビやラジオもありますが、資金力のあるＮＨＫを除けば、年々民放の取材予算は厳しくなってきています。

かつて私はＴＢＳ系の朝の情報番組「あさチャン！」のキャスターを務めていたことがあります。他の報道番組やワイドショー等でもよく見られる手法ですが、そこで行っていたのは各新聞社の朝刊をボードに貼り付け、記事の一部を読みながら解説すること。つまり、新聞に頼っていたわけです。このとき、私はあらためて新聞の重要性を実感しました。テレビ局単独では、情報の質・量ともに新聞社にはかなわないのです。

新聞社も出版社も、従来の紙媒体を発行する一方で、それぞれネット上で課金サービスも提供しています。しかし、多くが厳しい経営を迫られていることは周知のとおり。私たちは報道を支えるという意味も込めて、さらに言えば**民主主義を支えるという気概**を持ち、購読料を支払う形で利用したほうがいいと思います。各社の体質や取材姿勢に不満や批判がある方もいるでしょうが、ならばライバル社を応援すればいいだけの話です。

今やネット上では、架空のゲームに課金する人が多数います。ならばリアルな社会を追う記者に課金してもバチは当たらないでしょう。若い人の新聞離れ・雑誌離れが進んでいるなら、むしろ中高年が率先して範を示すべきではないでしょうか。

民主主義には、コストがかかります。そのコストは中高年層が中心となって担うのが筋かと思います。

エピローグ――災禍の中だからこそ、『幸福論』はいっそう輝く

絶望しない男・ラッセル

コロナ禍の中での生活が三年目に入りました。正直なところ、本書を執筆中には「そのうち収束するだろう」と特に根拠なく希望的観測を持っていたため、コロナについてはあまり深く触れていません。

コロナ禍は今後どうなるかわかりませんが、第二、第三のコロナがいつ来ないとも限りません。そこで、最後に少しだけコロナ禍に焦点を当てておきたいと思います。こういう災禍のときこそ、『幸福論』の思想がいっそう大きな支えになると思うのです。

本書執筆現在、社会全体の〝コロナ疲れ〟は相当溜まっているように見えます。罹患したり、職を失ったり、不自由な生活を余儀なくされたり等々、たいへんな目に遭われ

た方も少なくありません。

あるいは人と会って話すという、以前なら鬱陶しいほどに日常茶飯事だったことも急速に制限されました。誰もが少なからず戸惑ったり、日常のモチベーションやリズムを崩されたり、不安や寂しさを感じたりしていると思います。

こうした状況と直接関係があるかどうかはわかりませんが、昨今は「拡大自殺」と呼ばれる痛ましい事件も相次いで報道されました。一人で命を落とすのではなく、無関係な周囲の人まで巻き添えにして死のう（もしくは極刑を受けよう）というわけです。それぞれ何らかの事情で世の中に恨みつらみを募らせたのでしょうが、他者への無関心を通り越し、他者を不幸に陥れることで満足を得るという発想は、身勝手としか言いようがありません。

もちろんこのような犯罪はレアなケースだと思いたいところですが、人間はなぜそこまで追い詰められてしまうのか――。その理由を端的に言えば、ラッセル的な発想を持ち合わせていないからに尽きます。

本書のおさらいになりますが、ラッセルが再三にわたって説いたのは、幸福とは自分で獲得するものであるということ、またそのために自分自身ではなく社会に関心を向けよということでした。**何か情熱を傾けられる対象を見つければ、世の中は案外楽しめるし、まして死のうとか人を傷つけたいとかネガティブなことも思わないはずだ**というわけです。

本書の冒頭でも触れましたが、ラッセルが生きた二〇世紀は、必ずしも明るい時代ではありませんでした。初頭には第一次世界大戦があり、ロシア革命があり、『幸福論』が世に出た一九三〇年は世界恐慌の翌年です。さらに第二次世界大戦があり、戦後の冷戦構造は世界を怯えさせました。その中でもラッセルは決して絶望せず、しばしば当代一流の科学者として発言し、行動を起こし、『幸福論』の教えを自ら実践するかのように幸福を追求し続けたわけです。そうした事実を念頭に置くと、本書で取り上げたラッセルの数々の言葉の重みがいっそう増すと思います。

翻って、日本の現状はどうでしょうか。たしかにコロナ禍で社会全体が苦しめられています。しかし周知のとおり、海外と比較するとコロナによる死者数はかなり低く抑えられています。理由は諸説あるようですが、医療関係の方々による多大な尽力はもちろん、もともと高い公衆衛生の意識や、政府の方針に素直にしたがう国民性なども影響しているからなのかもしれません。

また各現場で以前と変わらず働き続ける方々がいて、インフラも、食糧をはじめとする生産も物流も安定しています。**コロナ禍を通じて、むしろ日本社会の底力のようなものを感じた**のは私だけでしょうか。

それに戦争や震災とは違い、物理的に何かが破壊されたわけでもありません。つまりコロナさえ収まれば、比較的短期で元に戻れる気がします。もちろんコロナ以外にも諸般の問題は山積していますが、それを言い出すとキリがありません。だとすれば、何も悲観する必要はないでしょう。少なくともラッセルが生きた時代に比べれば、ずっと未来は明るいと思います。

そういう前提に立ち、では私たちは人生後半に向けて何に関心を寄せるか、世の中とどう関わっていくか、あるいは一定の人生経験を積んだ者として、社会や後世のためにどんな貢献ができるか。そんなことを考えてみると、気分も自然と前向きになるのではないでしょうか。

日常をリセットしよう

ところで、ラッセルから少し離れますが、私の専門の一つは身体論です。大学院生時代は、ずっと呼吸法の研究に没頭していました。その観点から言えば、マスクは必ずしも身体にいいとは言えません。呼吸が浅くなるからです。

ドストエフスキーの名作『罪と罰』の終盤、罪を犯した主人公ラスコーリニコフに対し、判事ポルフィーリーが「あなたに必要なのは空気だ」と説くシーンがあります。呼吸が浅いから思考も浅くなり、悪事に走ったというわけです。たしかに、**呼吸が浅いと気分が晴れにくくなる**ことは間違いありません。

もちろん感染拡大を防ぐためにも、また周囲の人に余計なストレスをかけないためにも、まだ当面はマスクをしたままの生活が続くでしょう。しかし、**文字どおりの〝息抜き〟も重要**。日常生活の中でどうメリハリをつけるか、いかにスイッチのオンとオフを切り替えるかが、心の健康を保つ上で大きなカギになると思います。

例えば自宅で入浴する際、浴槽に身を委ねながらゆっくり呼吸するのも一つの手です。あるいは早朝に近所の公園などを散歩しながら、マスクを外して深呼吸するのもいいでしょう。周囲に人がいないことさえ確認できれば、これぐらいは許されるはずです。こうしたことを習慣化すれば、浅くなりがちな呼吸を無理なくリセットできます。気分はずいぶんスッキリすると思います。

そしてもう一つ、2章でご紹介したように私は以前からカフェに立ち寄ることをほぼ毎日の日課にしていました。ザワザワした雰囲気の中、コーヒーの香りと味を堪能しながら、イヤホンで好きな音楽を聞き、本を読んだりちょっとした作業をしたりする。そんな時間が一日の中で三〇分～一時間でもあると、心をリセットできるのです。

実はコロナ禍の中でも、この習慣は止めていません。むしろ、その価値にあらためて気づかされました。

大学の授業もオンラインになり、人と会う機会がめっきり減ると、自然と人恋しくなります。しかし誰かと会って話すとなると、また気を遣う。その点、カフェならとりあえず周囲に店員さんや他のお客さんがいます。今は全員がマスクを着用し、テーブルにはアクリル板があり、座席どうしの間隔は大きく空けられていますが、ザワザワ度合は以前と変わりません。やや大げさに言えば、それでも地球が動いていること、また自分もその一員であることを実感できるのです。

どんな災禍に見舞われても、地球も自分自身も動くエネルギーが残っていれば大丈夫。社会を見つめ続けたラッセルも、もし今日の日本のカフェに立ち寄れば、きっとそこに希望の光を見出したことでしょう。

「惻隠の心」を忘れていないか

中国の思想家・孟子の言葉に、「惻隠《そくいん》の心は仁の端なり」があります。「惻隠」とは人を思いやるという意味。例えば井戸に落ちそうな子どもを見たら、無条件に駆けつけて助けようとするのが人間である、というわけです。これが孟子の説く「性善説」の大きな柱の一つになっています。

一連のコロナ禍は、もしかするとこういう当たり前の感覚を忘れさせた面があるかもしれません。

人と会う機会が減り、呼吸が浅くなり、終わりが見えずに気分が鬱屈してくると、さすがに脳の正常な働きは妨げられる恐れがあります。以前よりイライラすることが増えたり、周囲の誰かを恨んだり妬んだり、あるいは世の中への不平・不満が募ってきたりしたら要注意。人生の半ばを過ぎ、「これから先は下り坂」と思い込みがちな中高年にとってはなおさらです。

だからこそ、**私たちは意図的に日常をリセットする必要がある**。座してコロナ禍が通り過ぎるのを待つのではなく、自分の力で幸福を獲得するという気構えを持って心も身体もコントロールするということです。
本書は、「二〇世紀最高の知性」の頭脳を借りつつ、そのためのヒントを満載しました。まずは本書を片手に、近所のカフェでゆったりした時間を過ごしてみてはいかがでしょうか。

二〇二二年二月

齋藤　孝

ラクレとは…la clef＝フランス語で「鍵」の意味です。
情報が氾濫するいま、時代を読み解き指針を示す
「知識の鍵」を提供します。

中公新書ラクレ
760

60代《だい》からの幸《こう》福《ふく》をつかむ極《ごく》意《い》

「20世《せい》紀《き》最《さい》高《こう》の知《ち》性《せい》」ラッセルに学《まな》べ

2022年 4 月10日発行

著者……齋藤《さいとう》 孝《たかし》

発行者……松田陽三
発行所……中央公論新社
〒100-8152 東京都千代田区大手町 1-7-1
電話……販売 03-5299-1730　編集 03-5299-1870
URL https://www.chuko.co.jp/

本文印刷……三晃印刷
カバー印刷……大熊整美堂
製本……小泉製本

Published by CHUOKORON-SHINSHA, INC.
Printed in Japan ISBN978-4-12-150760-0 C1236

第三部

暗 雲

ウォールド・ガーデンのゆくえ

12章　コロナ後の世界
――「公益vs.プライバシー」への危惧

権利と権利の対立

本書に何度か登場した憲法学者の宍戸常寿（46歳）は、日本の法学の世界の保守本流、ど真ん中を歩み続けてきた男である。

現役で合格した東大では、2年生の春から司法試験の勉強を始め、3年生の10月には合格してしまった。当時の東大の成績評価は「優」「良上」「良」「可」「不可」の5段階。「優」が10個あれば大蔵省に入れると言われていたが、宍戸は全部で30ちょっとの単位を取得し、1個だけ「良上」で、あとは全部「優」だった。

最初は弁護士になるつもりだったらしい。ただ、司法試験に早く合格しすぎて、まだ猛勉強中の周囲が遊んでくれない。仕方なく授業に顔を出すうちに、憲法学に目覚めて大学に残ることにしたのだという。

もちろん、大学は宍戸に学士助手の座を用意した。現在はもう廃止されたが、東大法学部には伝統的に、トップレベルのごく一握りの卒業生を「学士」のまま助手として採用する制度があったのだ。任期は3年で、国家公務員として給与をもらいながら「助手論文」を仕上げ、評価されれば、どこかの大学の助教授にしてもらえる。要は、最優秀の学生を霞が関や実務法曹に奪われないようにするための、囲い込みの制度であった。宍戸はこの超本流のコースに乗って、25歳で東京都立大の助教授となり、２０１０年には東大に准教授として戻り、13年には教授になった。39歳だった。

しかし、宍戸にも弱点があった。どうも、頼られると断れない性格のようなのである。「子どもの頃から神童で、『頼りにされる』人生を歩み続けてきたせいだろう」と、宍戸と長い付き合いの知人は冗談めかして言うが、本人にすれば笑い事ではない。大学や学会の役職だけならまだしも、政府の検討会や業界団体、民間企業のアドバイザリーボードまで、信じられないほど多くの会議体で座長や委員を引き受けてきた。

御用学者が霞が関の用意した台本に沿って話すだけの〝シャンシャン検討会〟ならまだ身体ももつだろう。だが、宍戸の関わる検討会は、「わきまえない」委員たちが「ガチで殴り合う」場が少なくなかった。彼の専門領域の憲法学と情報学が交錯する領域は、インターネット時代を迎えて旧来の秩序が崩れ、権利と権利がむき出しの形でぶつかり合う、カオスな

分野になろうとしていた。

インターネット上の検索結果の削除をめぐる、いわゆる「忘れられる権利」問題では、表現の自由や知る権利とプライバシーという人権と人権のぶつかり合いとなった。SNS上に誹謗中傷やフェイクニュースが荒れ狂えば、その削除や監視をめぐってやはり通信の秘密や表現の自由の価値と、プライバシーや社会の安全といった価値が衝突する。サイバーセキュリティ対策が重要課題になると、今度は国民の安全や経済活動と通信の秘密やプライバシーの間で調整が必要になった。インターネット上で海賊版サイトが横行すると、サイトブロッキングによって著作権を守りたい出版社側と通信の秘密を守りたい通信事業者や市民団体が対立する中で板挟みとなり——。いずれもヨルダン川の両岸を仲裁するようなものだ。もちろん無傷で済むわけがない。

そして20年、新型コロナウイルス感染症（以下、コロナ）が蔓延し、社会に動揺が広がると、その権利と権利の対立は一層、激しく噴出することになった。

ガバナンスなきデータ収集の恐れ

「隠れクラスターを早期発見するために、ヤフー利用者の位置情報や検索、購買の履歴を活用できないか」。政府のコロナ対策を検討する委員の一人が、ヤフーにこんな「要請」をし

てきたのは、20年2月25日に政府が「新型コロナウイルス感染症対策の基本方針」でクラスター対策を重要課題として打ち出してから、しばらく後のことだった。

ヤフーのアプリをインストールしているスマホからは、GPSの位置情報のほか、検索や購買の履歴などが収集可能だ。マスクを購入しようとしていたり、コロナの症状や病院など感染者が調べそうな言葉を検索していたりする人が急増している地域を割り出せれば、効果的な対策を講じることができるかもしれない、と、その委員は思ったようだ。

ヤフー内部は騒然とした。「統計情報にすれば問題ないだろう」「データで社会貢献できる。協力しよう」という積極的な声もある一方で強い異論もあった。「利用者に事前に説明した目的以外にデータを使っては、利用者の信頼を失う」「隠れクラスターが発生したエリアとわかれば、その地域が差別されるかもしれない。責任をとれるのか」「詳細な位置情報は加工したとしても個人情報に戻る可能性があるのでは」――。

悩んだヤフーは、社外の有識者で組織するアドバイザリーボードに諮った。座長は宍戸だ。いつも温厚でユーモアたっぷりの宍戸が、この時は怒っているように見えた。国民の膨大なデータを持つ事業者に対し、あまりにも無邪気にデータを求めてくる政府の姿勢に驚き、動揺していたのだ。そもそも、ヤフーへの政府側からの要請は、初期段階では内々になされ、文書すら用意されていなかった。ヤフー側が抗議すると、厚労省健康局長名の依頼文が届け

られた。だが、その段階でもまだ、データの範囲や保存期間、データへのアクセス権限の範囲などの安全管理措置さえ不明確だった。そもそも、隠れクラスターを発見するという目的に対して、そのデータが効果を上げられるのか、どんな弊害が生じうるのかも検証された形跡はない。さらには、問題が生じた場合の対応方法や、責任の所在も決められていなかった。

「あの時、もっと議論が深まっていれば、こんなことにならなかったはず」。宍戸が悔やむ「あの時」とは、15年の個情法改正を議論した内閣官房の「パーソナルデータに関する検討会」（6章）のことである。当時、委員の一人だった宍戸は、この改正で設立が検討されていた第三者機関の個情委に、公的部門の監視・監督体制を移すべきだと主張していた。

日本の個人情報保護法制は当時、民間企業、国の行政機関、独立行政機関や国立大学法人、そして自治体で適用される法令が異なっていた。それぞれ個情法、行政機関個情法、独法等個情法が適用され、地方公共団体は各団体の条例で規律されていたのだ。しかも、行政機関個情法や独法等個情法を所管する総務省にはそれぞれの機関に対する監督権限はない。つまり、公的部門の個人情報の取り扱いは、独立した第三者機関の監督を受ける仕組みが存在しない状態だった。この時の改正で、民間部門には個情委の監督が及ぶことになった。だが、「公的部門も監督を」という宍戸の提案は見送られ、マイナンバーなどを除くと公的部門には第三者の監督不在の状態が続いていた。

スノーデンの告発は他人事ではない

「本来、最も懸念すべき脅威は国家による国民の監視。ビッグデータ時代を迎えてその脅威はさらに高まる。国家の『監視』を『監視』する体制が必要だ」というのが宍戸の考えだった。

ジョージ・オーウェルが『１９８４年』で監視社会の恐怖を描いたのは冷戦時代の１９４７年だ。市民の生活から心の中までを監視し統制する独裁者「ビッグ・ブラザー」は当時のソ連の最高権力者スターリンがモデルだとされる。冷戦が終結すると、国家による監視の悪夢はもはや過去のもの、と言われた時期もあった。だが、気がつけば、国家の代わりにＧＡＦＡをはじめとする巨大ＩＴ企業が「リトル・ブラザー」として私たちの膨大なデータを収集するようになっていた。もし国家が彼らの保有する膨大なデータに容易にアクセスできるとしたら、結局はビッグ・ブラザーによる間接監視が実現することになるのではないか。

それが妄想ではなく、現実のことだと知らしめたのが13年、ＣＩＡ元職員のエドワード・スノーデンが告発した国家安全保障局（ＮＳＡ）の大量監視問題だろう。宍戸は当時、留学中の米国でそのニュースに接している。ＮＳＡに協力していたのは、グーグル、ＦＢ、マイクロソフト、アップルなど巨大ＩＴ企業だったとされる。ＰＦに膨大な個人データが集まる

時代には、政府が民間事業者を介してデータを取得する、いわゆる「ガバメント・アクセス」の透明性こそが重要だ、と宍戸は考えるようになっていた。

日本には無縁の問題だと思うだろうか。むしろ、公的部門に対する監視体制が不在の中で、ガバメント・アクセスの不透明さは深刻である。19年1月には、共同通信社の調査で、Tポイントを運営する「CCC（カルチュア・コンビニエンス・クラブ）」など多くの企業が、令状なしの任意捜査である「捜査関係事項照会」のみで警察への情報提供に応じていたことが発覚している。EUなど海外からも、日本の公的部門のデータ取り扱いは再三にわたり問題視されていた。

だが、コロナ禍で、技術とデータの活用が急務となり、官民データ連携が切実な課題となったこの段階でまだ、宍戸が15年に訴えた公的部門の課題は解決していなかった。[13] 政府がガバナンスなきデータ収集に走り出すとしても不思議はなかった。

ヤフーは20年3月12日に開かれたアドバイザリーボードで宍戸らのアドバイスを受け、いったんは厚労省の要請を断っている。そして、問題意識を伝え、厚労省だけでなく、IT総合戦略室や総務省、経産省、個情委も交えて、改めて対応方法を議論した。ヤフー側が要望したのは、データの利用目的や、その効果や弊害の検証、安全管理措置などの詳細を明確に決めた上で公表し、ヤフーと協定を締結することだった。これを受け、厚労省はまず3月27

日に、「新型コロナウイルス感染症のクラスター対策に資する情報提供に関する協定締結の呼びかけについて」との文書を公表、31日には内閣官房ＩＴ総合戦略室や総務省、厚労省、経産省などの連名で、「統計データ等の提供について（要請）」とする詳細な要請文を公表した。これに対しヤフーも社としての対応方針を明らかにし、４月13日に厚労省と協定を結んだ。１週間後の20日には、提供に同意が得られた協力者が１００万人を超え、ヤフーは位置情報と検索・購買履歴を分析した統計情報の提供を開始している。

「政府におけるガバナンス体制の不備を、事業者が統制することで補うという珍しい展開となった」と宍戸は苦笑するが「コロナ後のデータ利活用で、政府と民間企業の協力のあり方を探る、一つのモデルができたのではないか」と、少し肩の荷が下りた、という表情だった。

接触確認アプリCOCOAが探った最適解

ヤフーがビッグデータ活用をめぐって政府との協力の形を模索している頃、宍戸はもう一つのガバメント・アクセスの問題に巻き込まれつつあった。霞が関で進む別のプロジェクト、のちに「ＣＯＣＯＡ」としてリリースされる接触確認アプリについての相談だった。

接触確認アプリの「原型」は、３月20日にシンガポール政府が提供を開始した感染者の接触追跡アプリ「トレース・トゥギャザー」だった。このアプリをインストールしたスマホ同

士が一定時間、近距離にあると、端末ごとに割り振られたＩＤをブルートゥース（Bluetooth、近距離無線通信規格）で通信し、端末内に記録する。利用者の感染が判明するとＩＤをもとに濃厚接触者に感染の危険を通知する仕組みである。

日本でも、国内のシビックテック「Code for Japan」のメンバーが、これを模して日本用のアプリを開発しようと動き始めていた。そして、その側面支援に乗り出した経産省が、宍戸ら数人の有識者に相談を持ちかけていたのだ。

宍戸は「これは、非常時のＩＣＴ利活用の試金石になるのでは」と直感した。そして、「公衆衛生」と「プライバシー保護」のバランスがカギになる、とも感じていた。もし、プライバシー上の重要な問題を見落として批判されることがあれば、「監視社会への入口」「非常事態を利用して監視を強化しようとしている」などの声も出かねず、せっかくのＩＣＴ利用の試みが潰されるかもしれない。反対に「国民の生命がかかっている時にプライバシーの話なんかしてられない」としてプライバシーを軽視する流れを作ってしまうことも、避けなくてはならなかった。

先行するイスラエル、韓国

シンガポールでトレース・トゥギャザーが公開された20年3月20日の時点で、世界の感染

中　国	「アリペイ」で、ユーザーの移動履歴や登録情報をもとに緑・黄・赤の健康コードを付与するアプリが登場。リスクに応じて行動制限
	飛行機や鉄道などの予約・搭乗情報を検索し、感染者との濃厚接触を調査
香　港	自主隔離の対象者に移動情報を把握できるリストバンド装着
韓　国	携帯位置情報、監視カメラ、クレジットカードの使用履歴などで感染者や接触者のモニタリング
台　湾	自宅隔離者に携帯端末などを提供し、GPSで居場所確認。電源を切らないよう要請
イスラエル	テロ対策用の携帯端末追跡の技術を30日間の時限措置として感染拡大防止に使うと発表
欧　州	欧州データ保護委員会が3月、携帯位置情報は同意を取得するか匿名化した上での利用は適法と表明。感染拡大傾向や移動傾向を対策に活用

図表10　パンデミック拡大直後の主な各国の対応

者は24万4000人以上、死者も1万人を超えていた（米ジョンズ・ホプキンス大調べ）。出口の見えない感染症との闘いに、各国はデータを使ってのぞもうとしていた。だが、その闘いは、中国やイスラエルなど権威主義的な国家のほうが、自由と民主主義の国家に比べ、よりうまく進めているようにも見えた。

中国では、感染拡大の初期段階からデータ活用による封じ込めに乗り出し、成果を上げていた。例えば、スマホ決済アプリ「アリペイ」を使った健康コード。スマホの移動履歴と、自らアプリに登録する健康状態、感染者との接触状況などから、リスクに応じて緑・黄・赤の健康コードが付与される。これをオフィスや

店舗、公共施設、観光地での入場の際、機械に読み取らせ、入場制限に使うのだ。緑なら入場を認められるが、赤なら隔離される。2月に浙江省杭州市で導入されると、すぐに全土に普及した。

韓国では、スマホのGPS位置情報やクレジットカードでの購買情報、防犯カメラや交通カードの記録などから行動履歴を取得し、感染者の名前を削除した上で移動経路を公開したり、感染者と接触した可能性のある人に警告を発したりしていた。3月には、スマートシティ用に準備が進められていたプラットフォームを利用して疫学調査支援システムを構築した。疫学調査員が感染者の名前を入力すると、警察と通信事業者、クレジットカード会社計二十数社の保有するデータを一元的に分析し、感染者の行動履歴を把握できるシステムだという。それまでは、疫学調査員が関係各社に情報提供を要請し、分析結果を得るまでに数日を要していた。システム導入後は10分程度に短縮されたという。

COCOAの仕組み

日本も技術とデータの活用を進めなければ、アフター・コロナの世界を生き残れないのではないか。そんな焦りが募る中での、官民連携による試みの第一弾である。日本版接触確認アプリへの関心はいやがおうにも高まっていった。

4月6日にはIT総合戦略室にPFやIT各社、それにCode for Japanメンバーらによる「新型コロナウイルス感染症対策テックチーム」が発足したが、裏では既に法律家を中心とした有識者の検討会も動き始めていた。ここには宍戸のような憲法学が専門の研究者をはじめ、プライバシー問題や医療の問題に詳しい弁護士や、数多くのデータ利活用事業に携わってきた団体理事、医師や公衆衛生の専門家など多彩なメンバーがそろい、議論を闘わせていた。

次ページの図表11は、当時、各国で検討が進んでいたスマホ用アプリを内閣官房が整理したものだ。基本的な構想は同じでも、設計によって達成可能な目的も、プライバシーへの影響も異なってくるのがよくわかる。大別すると、「位置情報型」と「接触確認型」になる。前者はスマホの位置情報をサーバに送信して、感染者やその濃厚接触者の行動を把握する。後者は、ブルートゥースの機能によってスマホとスマホの接触を確認するのにとどまり、位置情報は取らない。接触確認型も、名前や電話番号などの個人を特定する情報を求めるもの（個人特定型）と登録不要なもの（匿名型）があり、さらに匿名型の中にも、接触状況を中央サーバにアップロードする「中央サーバ処理型」と接触状況を手元のスマホで保持する「スマホ端末処理型」がある。右に行くほどプライバシー保護のレベルが高くなる。日本の接触確認アプリCOCOAは、一番右のプライバシー保護レベルの高いタイプを採用している。

接解確認型		
	匿名型	
	中央サーバ処理型	スマホ端末処理型
	• 各ユーザーの接触者データは、当局が保有するサーバーで管理	• 各ユーザーの接触者データは、各ユーザーの端末で管理
	（検討中）英国、フランス	（検討中）ドイツ、スイス、エストニア等
	検討中 （英国は独自の開発により、一部地域で実証開始したところ）	活用する方向 （API の公開後アプリをリリース予定

日本案

ここでCOCOAの仕組みを簡単に説明しておこう。COCOAは、2種類のIDを利用する。一つは1日IDで有効期間は1日。翌日になると変更される。全ユーザーが異なる1日IDを持つ。もう一つは、1日IDをベースに作られる交換用ID。交換用IDは、10分ごとに変化する。1日IDをベースに交換用IDを生成するアルゴリズムは決まっているため、1日IDがわかれば、その1日IDを交換用IDに変換することができる。COCOAをインストールしたスマートフォン同士が接近するとアプリはブルートゥースを利用して交換用IDを交換し、記録する。位置情報を使うことなく、接触の事実を確認できるところがポイントだ。

感染が判明したユーザーは、自分の感染可能性のあった期間の1日IDを厚労省のサーバにアップロードすることになる。すべてのユーザーのアプリは感染ユーザーの1日IDを定期的に

類　型	位置情報型	個人特定型 中央サーバ処理型
特　徴	• 位置情報を用いて、感染者と接触のあったアプリユーザーを当局が特定 • 位置情報精度補完のために、インド等はブルートゥースも併用	• 電話番号等の個人情報により、当局が接触者を特定し、連絡が可能
実施国	インド、イスラエル等	シンガポール、オーストラリア
グーグル・アップルのAPIとの関係 （API接続のメリット） ①低電力での相互互換性 ②常時記録が可能 ③プライバシー保護	活用せず （独自開発によりアプリをリリース済、グーグル-アップルは位置情報を活用せず）	不明 （これまでは活用せず独自開発によりアプリをリリース済。今後の対応は不明）

図表11　接触確認アプリ主要類型の特徴

出所：接触確認アプリに関する有識者検討会合　2020年5月9日開催
資料4「接触確認アプリの導入に向けた取組について」

ダウンロードする。そして、それぞれのユーザーのアプリの中でその1日ＩＤを交換用ＩＤに変換する。自分のアプリに記録された交換用ＩＤと同じものがあれば、濃厚接触したことがわかる。厚労省のサーバにあるのは、感染者の1日ＩＤだけで、厚労省には感染者が誰と濃厚接触したのかわからない。濃厚接触の事実を知ることができるのは濃厚接触した本人だけ。そして、濃厚接触した人にも、感染者は誰か知ることが難しいのもポイントだ。交換用ＩＤが10分ごとに変わるためだ。もし交換用ＩＤが不変だと、アプリの記録を調べて「昨日と4日前に同じＩＤがあるということは、このＩＤはあの人では？」といった分析が可能にな

ってしまうだろう。

ポイントは、①位置情報を公衆衛生当局に把握されない、②誰と誰が接触したかの情報も当局に把握されない、③感染してアプリで登録しても、感染の事実は第三者に知られない（当局には自ら申告する）、④濃厚接触が判明しても、その事実は第三者に知られない――。つまり、あくまで、感染の可能性がある濃厚接触者に対し、「検査を受ける」「外出しない」などの自主的な行動変容を期待することがアプリの目的だ。

これも、ガバメント・アクセスに対する一つの答えだろう。先の事例で、ヤフーがガバメント・アクセスに直面した際、透明性を担保した上で、統計化して安全な形にしたデータを提供する、という選択をしたのに対し、COCOAの場合、行政府にはデータを渡さずに、設定した目的を達成する、という形を選択した。どちらも、成功例と言えるのではないか。

もちろん、これについては、当初から「厚労省が情報にアクセスできる仕組みにしないと、クラスター追跡には使えない」「利用者の自主的な申告に委ねていたら機能しない」と反対する声もあった。医療現場の苦悩を知る公衆衛生の専門家からのこうした訴えは、筆者も取材中に何度も耳にしている。

だが当時、宍戸は「達成したい目的と、有効性、個人の人権の重さを考慮に入れて考えると、これしかなかったのではないか」と語っていた。

個人の命や社会の安全は何より重い。一方で位置情報や、誰と接触したかという人間関係の情報も重要なプライバシー情報になる。アプリのインストールは任意であるという前提を考えれば、「アプリを入れたら個人情報を取られそうで怖い」となるのは避けなくてはならない。少しでも多くの人に利用してもらうためには、必要最低限の機能を確保しつつプライバシーにも配慮する必要がある。その最適解を探った結果が、利用者の自主的な行動変容を信じるというCOCOAの設計思想だったと言えるだろう。

COCOAのトラブル

COCOAは20年6月19日にリリースされた。普及はなかなか進まず、不具合の放置も発覚するなど、あまりいい船出とは言えなかった。

政府の開発委託先が、最初からテックチームの中心にいたCode for Japanではなく、パーソルグループの「パーソルプロセス&テクノロジー社」に決まったことも、テックコミュニティに「がっかり感」を生じさせたかもしれない。パーソル社は約3億9000万円で開発を受注したが、契約金額の9割を超える費用でエムティーアイや日本マイクロソフトなど3社に再委託し、エムティーアイはさらに別の2社に再々委託している。市民と官の協力で社会を守ろうという当初の熱い気運は削がれ、SNS上には「バグが放置されている」「プ

ログラムが洗練されていない」などの技術面での批判も多く見られるようになった。

21年2月には、感染者と濃厚接触しても通知が届かない不具合が、前年の9月から続いていたことも発覚した。それまでにダウンロードされた約2500万件のうち約770万件以上のアプリで発生していたという。

不具合が続けば、批判も出てくる。「プライバシーに配慮しすぎたことがアプリの実効性を失わせたのではないか」「追跡調査が可能になる形にバージョンアップすべきではないか」という声が再び聞こえてくるようになった。「安全かプライバシーか」といった二元論も目立つようになった。データ利用が即、監視社会につながるといった過剰な反応や、逆に、公益目的なら何でも使えるはずだという極端な意見の対立である。

生命の安全とプライバシーを比べれば前者が優先されるのは当然のこと。どれほど峻厳なプライバシー保護派でもそれに異論はないはずだ。しかし、生命が重要だと判断することによって、直ちにプライバシーがゼロになるわけではない。プライバシーがどのように劣後するか、その劣後のさせ方が重要なのだ。

例えば、筆者は取材で「携帯キャリアの保有するユーザーの位置情報をクラスター追跡に利用すべき」という有識者の意見に接したことがある。だが、「携帯キャリアの保有するユーザーの位置情報」は基地局情報だ。精度は半径数百メートルの基地局単位という粗さで、

クラスター追跡に役立つとは思えない。本来、その目的を達成する上で有用なデータなのか、過剰ではないのかなどの検証が必要なはずで、これでは「国民の生命を守るためにデータは何でも政府に供出しよう」というのと同じではないか。

「お手本」シンガポールの衝撃的展開

「二元論」をとってはいけない理由の一つが、濫用の危険であるのは言うまでもない。日本が最初に「お手本」としようとしたシンガポールのトレース・トゥギャザーは、その後、衝撃的な展開を迎えた。

シンガポールのアプリは順調に普及し、21年1月には国民の8割がインストールしている。ところがその1月4日、シンガポール政府はアプリのプライバシーポリシーを変更した。警察などの法執行機関が、アプリで収集したデータを犯罪捜査に使用できる旨を書き加えたのである。[14]運用開始時には、データは濃厚接触者の追跡目的のみに使うと説明されていた。内外から批判を受けると、2月になって、アプリからの個人データを警察が重大犯罪の捜査で使えるように「COVID19暫定措置法」を改正している。

当初は任意だったインストールも、事実上の強制になった。20年の暮れまでに、学校や職場、レストラン、ショッピングモールなどではアプリを使ったチェック・インが義務づけら

れたためだ。普及率8割は、日常生活を送る上では使わざるをえない、事実上の強制の結果だったのである。

ただ、シンガポールのアプリの場合、データを中央サーバで処理するサーバタイプで、かつ電話番号や身分証明書を登録させる「個人特定型」だが、日本のCOCOAは、「端末保存型」で「匿名型」だ。もちろん、日本政府にシンガポール政府のような変節が生じるとは思わないが、万が一そのような事態が起きても、シンガポールのような悪用は、そもそも設計上不可能になっている。

人工知能が専門の日本大生産工学部の助教、大前佑斗（32歳）の実施したシミュレーションによると、COCOAを人口の2割しか使わず、感染が判明した利用者のうち2割しか正直に登録しない場合、感染者の減少の効果は8％減にとどまるという。ところが、人口の8割がアプリを使い、かつ感染が判明した人の8割がそれを登録し、濃厚接触が判明した人が外出を8割控えた場合、感染者数は74％も減るという。根気よくアプリへの理解を求め、正しく使ってもらえれば、大きな効果が期待できる。もちろん、答えは一つではないだろう。今後のコロナの感染力や致死率の推移などを見極め、かつシンガポールのようなリスクや、効果などを考えながら、選択していくしかない。

憲法学の新たな課題

いずれにしても、骨の折れる作業である。イスラエルの歴史家、ユヴァル・ノア・ハラリは『読売新聞』（20年1月22日付）のインタビューで「民主主義は繊細な花のように育てるのが難しい。独裁は雑草のように条件を選ばない」と話していた。宍戸は日本において、繊細な花を育てる作業を根気強く続ける一人だろう。

そのような道を選んだことは、東大法学部の憲法学者という保守本流ど真ん中に身を置く研究者にとっては、ひょっとすると悩ましいことかもしれない。宍戸が以前、こう話すのを聞いたことがある。「自分は、憲法の研究者として本来やるべきことをしなかったと、後世の研究者から批判されるかもしれない」。

研究者は過去の、場合によっては100年、200年も前に生きた研究者と文献を通じて「対話」し、その整理の上に自分の理論を打ち立てようとする。ところが宍戸が「対話」するのは、今を生きる人たちだ。「吉井学校」の吉井英樹や、個情法改正で技術面の検討に当たった佐藤一郎など、技術系の研究者とも交流して最新情報を仕入れ、官僚たちから現在進行形の問題の相談を受けては進むべき道を一緒に探す。やはり天才と言われる先輩の東大教授、石川健治が霞が関の仕事には背を向け、研究に没頭する姿とは対照的だと指摘される。

しかし、今を生きる人との対話を選んだことで、宍戸は伝統的な学問領域に「新しい風」

を運ぶ人になった。例えば、デジタル時代における人権保障の最前線の問題になった「通信の秘密」。かつては憲法の教科書での割り当てはほんのちょっとで、扱っている判例も電話と郵便ばかりだった。それを憲法のど真ん中の問題に押し上げたのは、宍戸の力が大きい。ＳＮＳの誹謗中傷やフェイクニュース、ブロッキング、検索結果の削除、サイバーセキュリティ。これまで電気通信事業法の枠組みの中で語られてきた新しい時代の課題を、宍戸は憲法問題に押し上げたのだ。

表現の自由やプライバシーの一分野である通信の秘密は、戦時下などの極限状態でこそ、その真価を問われてきた。コロナ禍で、通信の秘密の価値がどう扱われていくのか。重い課題が突きつけられている。宍戸のため息が聞こえてきそうだ。

リバイアサンvs.ベヒモス

ところで、ＣＯＣＯＡ問題で忘れてはならないのは、このアプリの基盤となる仕組みがグーグルとアップルによって共同で開発され、提供されたものであることだ。「Apple-Google Exposure Notification Framework（ＡＧＦ）」と呼ばれる。

彼らが提供しているのは、アンドロイド端末とアイフォンの両方のＯＳで接触確認アプリを動かすためのＡＰＩ（Application Programming Interface）だ。信頼性を確保するために、

APIの提供はその国・地域の政府が開発・運用するアプリ一つに限定された。

実のところ、日本が最もプライバシーに配慮したアプリ仕様を選択したというのも、グーグルとアップルが提供するAPIを利用しようとすると、アプリも彼らの仕様に合わせるほかなかったから、という事情もある。

例えば、患者や濃厚接触者の行動追跡などの機能を重視して、「位置情報追跡型」アプリを開発したイスラエルや、「中央サーバ型」のアプリを開発したシンガポールは、AGFを使っていない。日本も同様の選択をできないわけではなかったが、AGFを使えば、利便性は飛躍的に向上する。アプリはグーグルやアップルのアプリ市場でダウンロードできる上、ブルートゥースをOS上でコントロールすることで、他のアプリを利用中でもバックグラウンドで動かすことも可能だ。便利で安全なAGFを、日本は一も二もなく選択した。

21年3月12日現在、AGFは日本を含む世界38ヵ国で提供されている。コロナの拡大抑止という、人類にとって最重要課題を解決するアプリさえ、グーグルやアップルの用意した仕組みの上で動くものを、私たちは使っているのである。

憲法学が専門の慶應大教授、山本龍彦は『法律時報』(20年8月号)の座談会で、トマス・ホッブズの『リバイアサン』と『ベヒモス』を引用し、国家とメガPFの関係に言及している。リバイアサンにたとえられるコモンウェルス的「国家」とは異なる社会体制を、ホッブ

ズがベヒモスになぞらえたことを挙げて、「現代のベヒモスは、もしかするとメガプラットフォームなのかもしれない」と発言していた。

国家とは何だろう。国民と社会契約を交わし、国防、郵便、公衆衛生など、みんなが必要とするサービスを国民に提供し、守り、そして国民は支配に服し、税金を払う。

だが、メガプラットフォームは、社会契約ではなく、本当の契約である利用契約を交わしている。そして、私たちは税金の代わりにデータを渡し、彼らは社会に不可欠になった検索やメールやSNSを無料で提供する。そして、コロナ禍においては、膨大で詳細な私たちのデータ（量においても詳細さにおいても国家を上回る）を感染拡大防止のために安全な形で提供し、さらには、必需品となった接触確認アプリの土台までを提供するようになった。

彼らはおそらく、既にかなり前から国家に肩を並べる存在になっていたのだ。そしてコロナ禍は、その事実を私たちの眼前に突きつけたと言えるだろう。

13　2021年2月9日に閣議決定され、国会に提出された「デジタル社会の形成を図るための関係法律の整備に関する法律案」で、個情法、行政機関個情法、独法等個情法の3本の法律を1本化すると同時に、地方公共団体の条例にも共通ルールを導入し、全体の所管を個人情報保護委員会に一元化する予定。

14
変更後の TraceTogether プライバシーセーフガードには「法執行機関がデバイスからのコンタクトトレーシングデータを必要とする場合は、データのアップロード方法について通知され、ガイドされます」とある。
https://www.tracetogether.gov.sg/common/privacystatement/

13章　フェイクニュースの「流通革命」
――ハックされる民主主義

フェイクニュースビジネス

フェイクニュースが大きく注目されるようになったのは、2016年11月、世界の大方の予想を覆してドナルド・トランプが当選を果たした米大統領選の頃からだろう。

デマや陰謀論などが選挙期間中に飛び交うことは、これまでもなかったことではない。だが、この時の様相は異なっていた。偽情報の「流通革命」が起きたと、言えるかもしれない。それを実現したのは巨大PFが広告配信のために世界中に張りめぐらせた、個人の興味関心データの収集網と、それに基づいたレコメンドシステムである。金儲けが目的であれ、プロパガンダであれ、偽情報は世界のどこからでも効率的、効果的に「配信」できるようになった。それは、ターゲティング広告を配信するのと同じようなものだった。

＊

〈ローマ教皇がトランプ支持を表明する声明がバチカンから発表された〉〈ヒラリー・クリントンがイスラム過激派組織に武器を売却した〉――。16年の選挙期間中、FBやツイッターなどを通じて拡散した偽情報の一部である。「ワシントンD.C.のピザ屋を拠点とする児童買春にクリントンが関わっている」とする陰謀論、いわゆる「ピザゲート」も大量に拡散された。選挙直後の同年12月には、これを信じた男がピザ店に押し入り発砲する事件まで発生している。だが、その発信源を追うと、その多くは実態のないニュースサイトだった。

19年4月に米司法省が公開した報告書などによると、フェイクニュースの一部はロシア政府が組織的に拡散させたものだった、という。

サイバー攻撃によって民主党などから情報を盗み出し、それらを微妙に加工して真実らしく仕上げた上で、FBやグーグル、ツイッターなどを通じて拡散させる。拡散を担ったのはロシアのサンクトペテルブルクにある企業「インターネット・リサーチ・エージェンシー（IRA）」のトロール部隊だった。トロールとはネット上での迷惑・妨害行為を指す言葉だ。FBに470、ツイッターに3000以上のアカウントを作り昼夜投稿していたという。その投稿数は17年8月までの約2年8ヵ月で8万件に上った。

ＩＲＡの予算は月額1億３０００万円程度だったとされる。大量の工作員を抱えていたにしては意外に少ない印象だ。ひょっとすると、フェイクニュースは本物の退屈なニュースよりもはるかに拡散させやすいからかもしれない。16年米大統領選の直前3ヵ月間、米国のニュースサイト「バズフィード」がＦＢにおけるフェイクニュースと主要メディアのニュースへの反応を上位20本ずつで比較したところ、フェイクニュースは約８７０万回リツイートされ、主要メディアの本物のニュースの約７３０万回を上回ったという。

そして、こうした拡散力は、ネット広告収入狙いの「フェイクニュースビジネス」を生み出し、ロシア政府が頼まなくても大量のフェイクニュースを量産することになる。

デジタル・ゴールドラッシュ

東欧・バルカン半島の小国マケドニア（現・北マケドニア共和国）の、人口5万５０００人の町ベレスは、１００以上ものトランプ支持のフェイクニュースサイトが立ち上がった「フェイク工場」として有名だ。

17年に現地を取材した『読売新聞』によると、19歳の男子大学生はサイトを立ち上げた最初の月から３０００ユーロ（約40万円）の広告収入を手にしたと明かして、「こんなに簡単なのに、やらないほうがおかしい」と話したという。この町では、学生も教師もこぞってフ

エイクニュースを量産していた。この学生の場合、フェイクニュースの作成は大学の講義が終わってから。ニュースをチェックし、そこに臆測を加えたり、あるいは過激に書き換えたりして、友人3人と交代で一晩平均15本の記事を作成していた。過去最多の50万ビューを獲得したのは「トランプ氏、メキシコ国境に壁作成」の「記事」で、700ユーロ（約9万2500円）を稼いだという。この地域の平均月収は当時4～5万円だったと言うから、まさに「デジタル・ゴールドラッシュ」である。

「普通のニュースを誇張するハーフ・フェイクのニュースが手っ取り早く稼げる」と記者にコツを明かしたこの若者は、こうも話したという。「米国国民が読みたがるニュースを、先回りして提供しているんだ」。

彼の言う通りかもしれない。読みたいだろうと思うニュースを作れば、読みたいであろう相手に届く。それは、日頃から世界中のユーザーのデータを収集し、誰がどんな記事を好みそうか把握しているPFのおかげである。男子学生のやることは自分のサイトにグーグルの広告配信用のタグを貼って記事を載せ、ツイッターやFBに記事のリンクを貼るだけ。あとは、PFがそうした情報を読みたいであろう相手に自動的にレコメンドし、その相手にシェアされ、その結果、男子学生のサイトへのアクセスが増え、たくさんの広告収入が得られる、というわけだ。

この「ゴールドラッシュ」を実現したのは、巨大PFが築き上げた広告配信のためのシステムだ。彼らが広告効果を高めるために世界中のユーザーから集めた興味関心、政治志向、生活状況などのデータは、フェイクニュースを配信するにも効果的だということを、16年米大統領選は証明したのだった。

エコーチェンバーとフィルターバブル

プラットフォームがその特性ゆえにフェイクニュースを拡散させやすいことは、20年2月にまとめられた総務省の「プラットフォームサービスに関する研究会」の報告書にも以下のように指摘されている。

①SNSでは一般の利用者でも容易に情報発信や拡散が可能であり、偽情報も容易に拡散されやすいこと
②多くの利用者がプラットフォームサービスを通じて情報を収集・閲覧していることから、情報が広範囲に、かつ、迅速に伝播されるなど、影響力が大きいこと
③偽情報は、SNS上において正しい情報よりもより早く、より広く拡散する特性があることや、SNS上の「ボットアカウント」が拡散を深刻化させていること

④自分と似た興味・関心・意見を持つ利用者が集まるコミュニティが自然と形成され、自分と似た意見ばかりに触れてしまうようになる（＝「エコーチェンバー」）、パーソナライズされた自分の好み以外の情報が自動的にはじかれてしまう（＝「フィルターバブル」）などの技術的な特性があること

⑤各利用者の利用者情報の集約・分析によって、個々の利用者の興味や関心に応じた情報配信（例：ターゲティング広告）が可能であるなど、効果的・効率的な利用者へのアプローチが可能であること

特に注目したいのが④だ。エコーチェンバーとフィルターバブルこそが、フェイクニュースのもたらす害悪をより深刻なものにしていると思うからだ。

PFはAIを使って私たちの趣味嗜好や政治的志向、精神状態や経済状況などをプロファイリングし、その人がいかにも食いつきたくなるような情報を選別して届けてくれる。仮に、私がトランプに共感しそうな特性を持つと分析されると、フィルターはトランプを称えるニュースばかりを通過させ、ヒラリーを評価する情報ははじいてしまう。すると私のトランプへの評価は高まり、いずれ確信に変わる。エコーチェンバーの効果によって、自分がつながっている人々は、やはり同傾向の情報に包まれた人々ばかりである。つまり、私の接する情

報も、私が接する人々の持つ情報も、トランプを称え、ヒラリーを酷評する情報ばかりになってしまう。それが誤った情報だとしても、フィルターバブルの内側から、外にはじかれた情報にアクセスするのは困難だ。

私たちは多様な情報に触れるからこそ、情報の真贋を判断できる。自分にとって心地いい情報だけに接していたら、しかもそれが誤った情報であればなおのこと、適切な判断を下すことは難しい。そうなればもう、マケドニアの男子学生が口にしていた通り、人は自分の信じたい情報だけにアクセスする。そして信じたくない情報はフェイクニュースと受け止めるようになるだろう。フェイクニュースを一躍有名にした16年米大統領選から4年、20年大統領選では、もはやトランプを支持する人々に、敗北という投票結果を信じさせることすらできなくなってしまった。

進化するディープ・フェイク

ディープ・フェイクなどの技術の進化は、この問題を一層深刻にしている。

ディープ・フェイクとはＡＩによる高度な画像加工技術や動画編集技術で作られた精巧な偽画像や偽動画で、18年に元大統領のバラク・オバマがトランプを口汚くこきおろす偽動画で一躍有名になった。その技術は年々高度化し、真贋の判定を絶望的に難しくしている。し

かも、インターネットに接続されたパソコンやスマホさえあれば、たいした技術も要せず簡単に作成できるのだ。

アプリ市場には手軽に画像や動画を編集できるアプリが出回っている。「有名人や友だちの顔を使ってでっちあげビデオを作ろう」「どんな動画や画像でも1枚あれば好きなセリフをしゃべらせて新しい動画を作れます」。その宣伝文句は軽いノリだ。

19年5月には、米連邦下院議長のナンシー・ペロシが、ろれつの回らない状態で演説している動画が「酒を飲んでスピーチ」というツイートと一緒に拡散し、300万回以上再生された。信じても全く不思議ではないできばえだった。だが、これは「シャローフェイク」と呼ばれるごく初歩的な技術で、動画の再生スピードを遅くして編集しただけのものだった。

フェイクニュースを生み出す技術は、年々、身近でありふれたものになりつつある。

ケンブリッジ・アナリティカ問題の波紋

情報操作の道具は、フェイクニュースばかりではない。これと組み合わせて効果的に使われてきたのが政治広告である。

16年米大統領選挙で、トロール部隊を組織して大量のフェイクニュースを拡散させていたIRAは、FB、グーグル、ツイッターに政治広告も出していた。前述の報告書によると、

FBには大統領選の前後に約10万ドルで3500件以上の広告を出し、1000万人以上のユーザーがこれを目にしたという。

政治広告がマイクロターゲティングの手法と結びついた時、その効果は悪魔的になる。マイクロターゲティングとは、もともと、ユーザーに関する興味関心や属性、購買履歴、人間関係など様々なデータを使って、ターゲティングのための小さなグループに分ける（セグメント化する）マーケティング戦略のことだが、近年は選挙戦略の文脈で論じられることが多い。有権者の年齢や性別、居住地域、性格や信条、行動、どんなコンテンツに「いいね！」をしているか。こうした膨大な個人データをもとに心理学やいわゆるデータマイニングの手法で細かく対象者を推定し、特定の投票行動をとらせるためにその人に最も効果的な広告をピンポイントで配信する。

その知名度を一気に上げたのは、英国のコンサルティング会社、ケンブリッジ・アナリティカをめぐる問題だろう。同社がFBのユーザー情報を使って、16年米大統領選でトランプ陣営を、英国のEU離脱を問う国民投票では離脱派をそれぞれ支援したとされる問題は18年3月、元社員クリストファー・ワイリーの告発によって発覚した。

告発によると、14年頃、同社の協力者であり、ロシア系米国人でケンブリッジ大研究者のアレクサンダー・コーガンが性格診断アプリを作成し、このアプリをFB上でダウンロード

した約30万人のユーザーと、彼らが「友だち」として登録していたユーザーの計8700万人分のデータを取得。さらにFB以外の民間事業者から購入したデータや公開情報なども突合して、銃の所持からマイレージの利用状況、健康状態まで揃った膨大なデータセットを用意した上で、「神経症で極端に自意識過剰」「陰謀論に傾きやすい」「衝動的怒りに流される」などと分析されたグループを抽出したのだという。同社の母体はもともと、世界各地で軍事政権などの情報戦を支援してきた軍事コンサルティング会社である。それまでの経験で、どんな人物が情報操作されやすいかは実証済みだった。

ターゲットが割り出されれば、あとはその人にメッセージを出すのは簡単だ。2章で説明した通り、FBには、メールアドレスや電話番号などを伝えれば、その人物にピンポイントで広告を出す「カスタムオーディエンス」も、その人物と似た人に広告を出す「類似オーディエンス」もある。ケンブリッジ・アナリティカは政治広告だけでなく、フェイクニュースや、愛国者団体を装ったFBのページも駆使している。これらも、ユーザーの関心にあわせてコンテンツを届けるFBのレコメンデーション機能によって、うまい具合に届けることができたのだ。

マイクロターゲティングの怖いところは、ピンポイントであるがゆえに、フェイクニュースだとしても社会から気づかれにくいという点だろう。検証されることもなく、静かに拡散

してしまう可能性が高いのだ。

ワイリーが英『ガーディアン』のインタビューに答える動画を見たことがある。

〈自分が考えていることを話し、人々が近寄って聞いてくれ、自分の経験などを共有するのと異なり、ひとりひとりの耳元で、ささやくように、それも一人一人に、もしかすると違うことをささやいていく。私たちは社会の分裂を進めていると思います。もう人々は経験を共有できなくなっています。そして、同じ理解をすることもできなくなっている。社会事象について同じ理解を持てなければ、社会を運営していくことなんてできるでしょうか？〉

ケンブリッジ・アナリティカは世界中の非難を受け、18年5月には解散した。だが、そのノウハウをもった選挙請負人たちは世界各地で活動を続けているとされる。

対策に先行する欧州

こうした状況にどう取り組むべきか。先に動き始めたのは欧州だった。

フェイクニュースや政治広告を使った世論誘導には、欧州も悩まされてきた。ケンブリッ

ジ・アナリティカが「ブレグジット」問題における離脱派の活動を支援したと言われる16年6月の英国の国民投票だけではない。フランスでは17年5月の大統領選挙で、当時候補者だったエマニュエル・マクロンについて「租税回避地に隠し口座」「同性愛者と不倫」といったフェイクニュースがSNS上で拡散された。ドイツの首相、アンゲラ・メルケルも、16年にベルギーで連続発生した移民によるテロ事件の後、事件とは無関係のシリア難民と一緒に写った写真を「テロリストとの写真」として拡散された。

これに対し欧州は、まずはPFとの「対話」から取り組みを始めた。

18年4月、欧州委員会は「Tackling Online Disinformation: a European Approach（オンライン上の偽情報に対する欧州の取り組み）」とする政策文書を公表。偽情報対策へのアプローチとして、①透明性の向上、②情報の多様性促進、③情報の信頼性向上、④包括的解決策の形成、という4つの指針を掲げて、PF、広告事業者、広告主などのステークホルダーの対応を求めた。同年9月には、欧州委員会の主導で「偽情報に関する行動規範（Code of Practice on Disinformation）」が公表された。FB、グーグル、ツイッター、モジラ（ブラウザFirefoxの開発会社）、マイクロソフト、広告事業者の団体などがこれに同意する旨の署名を行っている。PF側は欧州委員会に取り組み状況のレポートを提出し、それに対し欧州委員会が評価や課題を指摘している。

ただ、単純に事業者の自主的取り組みだけに委ねているわけではない。欧州委員会はたびたび声明で「行動規範の包括的な検証を行い、仮に取り組みが不十分と認められる場合には法律による規制も含めて、さらなるアクションへと移行する予定」と警告していた。

その警告通り、20年12月3日には、「欧州民主主義行動計画（EDAP＝European Democracy Action Plan）」が、同15日には「デジタルサービス法（Digital Services Act〈DSA〉）」案が公表されたのである。

DSA案は、仲介サービスを提供する全事業者を対象とした規制だが、特に欧州の人口の10％以上の利用者を抱える「非常に大規模なオンライン・プラットフォーム」の場合、違法コンテンツの流通や選挙での世論誘導などへの対策が求められ、義務に違反すれば前年の売上高の最大6％の罰金等が科される見通しだ。また、ターゲティング広告でも透明性やユーザーへの説明が求められる。

このうちの違法情報対策やターゲティング広告対策を補強するのがEDAPになる。その3本柱は①自由で公正な選挙の促進、②メディアの自由の強化、③偽情報への対抗措置だ。①では、フェイクニュースの温床となっている政治広告を対象とし、21年にも政治広告規制の法案を提案する予定だという。ポイントは透明性の確保だ。特にマイクロターゲティング広告については手法を制限したり、広告主や表示の理由、価格などの記録を開示させたりす

ることなどが検討されている。また、ロシアや中国を念頭に、ＥＵ域外の個人や組織によるフェイクニュースの発信や拡散に罰則を導入することも考えているという。③のためには、18年に作られた「偽情報に関する行動規範」を共同規制として強化するとしている。

表現の自由をめぐる議論

実は、加盟国レベルでは、一足先に罰則を伴う強い規制が導入され、表現の自由との関係で様々な議論が起きていた。

特に耳目を集めたのが、フェイクニュースやヘイトスピーチへの対策を念頭にドイツが17年に導入した「ソーシャルネットワークにおける法執行の改善に関する法律（ネットワーク執行法）」だった。ドイツ国内の登録利用者数が２００万人以上のＳＮＳ事業者に、苦情処理窓口の設置や処理に関する報告、申告のあった違法コンテンツへの対応などの義務を負わせるものだ。

原則として、①刑法上、明らかに違法なコンテンツについては申告を受けてから24時間以内、②それ以外の違法コンテンツについては申告を受けてから7日以内に削除の義務を負う。事業者が適切な対応を行わなかった場合、最大５０００万ユーロ（約66億円）もの過料が科せられることになる。

ここで対象としているドイツの刑法上違法なコンテンツとは、違憲団体の宣伝や扇動、国家反逆的な偽造、人種憎悪挑発、信条の冒瀆、侮辱、脅迫、中傷、名誉毀損、悪評の流布などで、この中に一部のフェイクニュースやヘイトスピーチが含まれる。日本ではフェイクニュースやヘイトスピーチはただちに違法とはならず、有害情報として扱われているが、ドイツの場合、ナチスによるユダヤ人の弾圧という歴史的経験が影響しているようだ。

ある表現が違法であるか適法であるかの線引きは難しい。判断が難しければ、事業者は削除せずに高額な過料を科せられることを恐れて、削除するほうに傾きやすくなる恐れがある。ただ、18年1月に本格運用が始まったが、今のところ懸念されたような過剰削除は起きていないようだ。三菱総研の調査によると、苦情申し立ての対象となったコンテンツのうち削除または凍結されたものの割合は、平均して約20％にとどまったという。18年3月に発表されたガイドラインで、過料は「制度上の機能不全」が認められれば科されるが、個々の判断ミスを理由として科されるものではない、と明確にしたことが影響しているとされる。

強い規制を導入したアジア諸国

アジアでは媒介者であるＰＦに適正な運用の義務を課すだけでなく、より直接的に、発信者や拡散者に対して強い罰則を科す動きが目立つ。

台湾では19年、食品安全衛生管理法、感染症予防管理法、農産品市場交易法など、偽情報の拡散に罰則を設ける法改正案が立て続けに成立した。このうち災害防止救助法は、災害に関する噂や虚偽の情報を広め、結果的に死者が出た場合には最高で無期懲役とする。同年12月には「反浸透法」も成立し、国外の「敵対勢力」からの指示や資金援助で選挙活動やフェイクニュース拡散などを行った場合には懲役刑も科されることになった。

シンガポールでも19年5月、オンライン上の偽情報を規制する法律が成立し、悪意をもって偽情報を拡散した場合は個人でも最大5万シンガポールドルの罰金または5年の懲役刑、閣僚が虚偽と判断した場合、ＰＦに情報訂正や削除を命じることもできるようになった。

マレーシアでは、18年4月、当時のナジブ政権下で「フェイクニュース対策法」が制定されたが、当初から恣意的運用が強く懸念されていた。適用第1号は、事件の発生をたまたま目撃し、「警察の出動が遅い」とツイートしただけの旅行中のデンマーク人だった。その後、同法は廃止された。

揺らぐ「思想の自由市場」

こうした世界の動きをにらみながら、日本でも総務省の有識者会議「プラットフォームサービスに関する研究会」が19年5月からフェイクニュース対策の議論を始めている。研究会

ではフェイクニュースのほか、誹謗中傷など、違法情報、有害情報を含めて幅広く検討しているが、執筆の時点で、少なくともフェイクニュースについては、事業者の自主的な対応に委ねる方向で議論が進んでいた。政府は事業者が取り組みを進める上での環境整備を「支援する」という役割にとどまる見通しだ。

この研究会にも委員として参加している弁護士の森は、「一口に事実と異なる情報と言っても、悪意に基づく発信もあれば、単純な間違いもある。その情報の正確性の評価が受け手によって異なることもある。何が規制対象にしてもいいフェイクニュースになるのか、その線引きは難しい」と指摘する。その上で、「現行法でも名誉毀損や優良誤認など虚偽情報を違法とする規制はある。これらの違法情報以外の情報は、基本的には表現の自由の範囲内にあり、政府が簡単に手を出すべきではない」と話す。

だが、森は迷いを捨てきれずにいる。「我々が信じてきた『思想の自由市場』は、16年米大統領選であまりに大きな打撃を受けた」との思いが拭えないからだ。

思想の自由市場とは、真実も虚偽も含めて多様な意見や思想が発信され、それらが闘うことで、誤った情報は淘汰され真実が明らかになるという、表現の自由を支える憲法学の基本的な考え方だ。だからこそ、表現の内容に関わる政府の規制は原則として許されないという共通認識が築かれてきた。

だが、今の現実はどうか。真理と虚偽が闘えば真理が勝つはずだったのに、そうならなくなっているのではないか。フェイクニュースばかりではない。ヘイトスピーチ、誹謗中傷もそうだ。インターネット上の言論空間が重要性を増す一方で、社会の健全性を脅かす表現が蔓延し、真実や健全さを駆逐しようとしているのではないか。これまで信じてきた「思想の自由市場」だけでは解決できない事態を生んでいるのではないか――。

21年1月、その不安はさらに深まることになる。

14章 「編集権」は誰の手に——機能しない思想の自由市場

ネット上で居場所を失ったトランプ支持者たち

2021年1月6日は、米国の民主主義の歴史に汚点を残す一日となった。首都ワシントンの連邦議会議事堂が襲われた日。米議会議事堂が侵入被害に遭うのは米英戦争中に英国の攻撃を受けた1814年以来のことだった。しかも、この日、乱入したのは米国民自身。ジョー・バイデンの勝利を信じようとしない、トランプ大統領（当時）の支持者たちだった。

ツイッターとFBはその日の夜から反応した。「規約違反の投稿があった」としてトランプのアカウントを一時凍結、FBは7日には無期限凍結とした。ツイッターはいったん凍結を解除したが、8日には永久停止している。8日午前の2本の投稿から判断したという。

〈The 75,000,000 great American Patriots who voted for me, AMERICA FIRST, and

MAKE AMERICA GREAT AGAIN, will have a GIANT VOICE long into the future. They will not be disrespected or treated unfairly in any way, shape or form!!!
〈私に投票した7500万人の偉大なアメリカの愛国者よ。AMERICA FIRST、そしてアメリカ合衆国を再び偉大な国へ。あなたたちは長い将来にわたって巨大な声を上げるでしょう。いかなる形、いかなる形態においても、軽視されたり、不当に扱われたりすることはありません!!!〉
〈To all of those who have asked, I will not be going to the Inauguration on January 20th.
〈質問してくれたすべての人に応えましょう。私は1月20日の次期大統領就任式に行くつもりはありません〉〉

ツイッターはこの投稿を、これまでの文脈も踏まえた上で、「さらなる暴力の扇動リスクがある」と分析している。支持者を「愛国者」と称え、「巨大な声を上げる」、つまり大統領選の結果に抗議を続けようと呼びかけているとも読める投稿。さらに、自身が就任式を欠席すると明言することで、就任式が襲撃されても自分に危険は及ばないことを伝え、襲撃計画をそそのかしている、と解釈できるというのだ。

フォロワーが8800万人以上を数え、世界でもトップ10に入っていたトランプの発信力は一瞬で奪われ、その投稿の記録はインターネット上から消えた。ユーチューブ、Twitch、TikTok、Snapchatなども続いた。ツイッターはトランプ支持者やQアノン（陰謀論の信奉者グループ）関連の投稿をした7万人以上のアカウントも凍結したと発表している。

「追放」はさらに続いた。対象はトランプの熱狂的支持者らが多く集っていた右派系SNS「パーラー」だった。パーラーは「検閲しない」ことを売りにして18年から急成長してきたSNSで、事件後もトランプ支持者らがツイッターから大量に乗り換えを図っていた。

これに対し、まず8日にグーグルとアップルがアプリストアからパーラーを削除し、さらに、10日にはアマゾンも、パーラーへのホスティングサービス提供を打ち切った。パーラーは運営不能に陥った。

特に痛かったのは、アマゾンからのサービス打ち切りだっただろう。動画や音声などコンテンツが「リッチ化」し、大容量化している昨今、商業ベースのウェブサイトにとって外部のホスティングサービスを受けられなくなれば継続は難しいからだ。

これまで、表現の自由との関係で対応を求められてきたのは、主に上位レイヤーと呼ばれるSNSや検索事業者だった。だが、パーラーの一件は、アプリストアやクラウドなど、より基盤的サービスに近いレイヤーの事業者が、言論空間での情報統制において、より決定的

な力を持つことを示したと言える。

SNSで問題とされているのはユーザー個人の表現の自由だ。多様なSNSが存在すれば、ユーザーはたとえあるSNSで表現の場を奪われても、他のSNSに移ることができる。だが、インフラ的性格を持つ事業者が思想傾向を理由にSNSごと排除すれば、特定の思想が丸ごと社会から排除される危険もある。クラウド市場で世界一のシェアを持つアマゾンから排除されることの意味は重い。

「あらゆる組織が我々を見放した」「再開のために交渉したすべての会社に、アップルやグーグルが承認しなければ一緒に仕事はできないと言われた」

パーラーの最高経営責任者だったジョン・マッツェは、米国のニュース専門チャンネル「フォックスニュース」の取材にこう訴えていた。

パーラーを利用していたとされる1200万人を超えるユーザーは、巨大テック企業によってインターネット上で居場所を失った。少なくとも表舞台では。彼らは、その過激思想を抱えたまま地下に潜ってしまう可能性もある。[15]

新しい統治者

もちろん、トランプは、一般ユーザーならとっくの昔にアカウントを凍結されても全く不

思議のない悪質な投稿を繰り返していた。パーラーも暴力的な投稿であふれかえっていた。それを考えれば、この時のPFの判断は妥当と言えるかもしれない。

ただ、その衝撃は大きかった。これまで、民主主義社会に生きる私たちにとって、表現の自由とは「国家の言論規制」からの自由であり、警戒すべきは国家の規制だったはずだ。だが、一連の問題によって私たちは、国家に代わる「新しい統治者」が言論空間に登場したのだと、思い知らされたのだ。

〈(アカウント凍結は)合衆国憲法修正1条と通信品位法230条の権利を行使したにすぎない。我々はこれらの権利を支持する。その一方で、プラットフォームが検閲者の役割を担うことに懸念を抱いている〉

米国の著名な市民団体「電子フロンティア財団(EFF＝Electronic Frontier Foundation)」がウェブサイトでこんな声明を出したのは、ツイッターやFBがトランプのアカウントを凍結した直後の7日である。

EFFは90年に設立されて以来、一貫してインターネット上の表現の自由と情報への自由を追求してきた非営利団体である。だが、この時の彼らの声明には、米国が抱える悩みの深

さがにじんでいた。

米国は憲法修正1条で国家が表現の自由を制限することを禁じている。欧州に比べても、特に表現の自由の価値を重んじてきた国だ。ただ、その自由は「国家から表現規制を受けない自由」であり、あくまで、国家と国民の間の問題だととらえられてきた。つまり、巨大企業とはいえ、「私人」であるツイッターやFBが個人のアカウントを凍結しても、憲法上の問題は生じないと考えられてきたのである。

言論空間への国家の介入を嫌う米国では、PFに対しても放任主義が貫かれてきた。SNS事業者などに広範な免責を認めた通信品位法230条はそのいい例だろう。プラットフォーム上にユーザーがプライバシーや名誉など他人の権利を侵害する投稿をしてもPF自身は責任を負わず、逆に投稿を削除したり編集したりしても、やはり責任を負わない。つまり、一切の責任を負わなくていい、ということだ。

他人の情報を媒介するプラットフォームの「媒介者」としての責任をどう考えるかは、長年、様々な議論がなされてきた。

もしプラットフォーム上に自分の権利を侵害する情報が投稿されたらどうするか想像してみてほしい。その人物はPFに削除を求めるだろう。PFは削除に応じなければ、その人物から法的責任を追及される可能性があるし、逆に削除すれば、今度は投稿者から責任を追及

される可能性がある。それでは当事者同士で争ってもらおうということで、投稿者の情報を被害者に開示すれば、今度はプライバシーや通信の秘密の侵害などの問題が起きて、投稿者から責任を追及されるかもしれない。ＰＦにしてもなかなか悩ましい問題なのである。

米国の情報通信関連の法律に詳しい中央大教授の小向太郎によると、インターネット黎明期の90年代の米国では、投稿に対して積極的に関与し、問題投稿を削除していた事業者が、その行為について責任を負わされ、一方で、内容に一切関与せず放任主義を貫いていた事業者は責任を免れる、という裁判例が出ていたという。

例えば、電子掲示板の「オンライン・ディスカッション・フォーラム」を運営していたコンピュサーブ社の場合、フォーラム上で中傷された雑誌社から訴えられたが、「内容に一切関与していない。我々は配信者（distributor）にすぎない」と主張し、結局、責任を問われなかった。一方で、「マネートーク」というフォーラムを運営していたプロデジー社の場合、不正行為があるとの情報を掲載された投資銀行から訴えられ負けている。これは、プロデジー社がもともと運営方針として、「編集者が内容を監修し、問題のある投稿は削除する」と説明していたことから発行者（publisher）と認定されたためだった。つまり、ＰＦが表現の中身に関与するのであれば、それについては責任を負うべきだ、という理屈である。だが、これでは、ＰＦは違法な投稿や有害な投稿を放置したほうが責任を負わずに得をするという

ことになり、ネット上の言論空間は荒れ放題になってしまうだろう。このため、こうした不都合を解消し、事業者に自主的な対応をとってもらうために立法されたのが通信品位法230条だった、というわけだ。この法律によって、PFは投稿された違法なコンテンツについても基本的に責任を負うことはなく、それを削除したことについても責任を負わないことになっている。

同様の趣旨で導入された日本のプロバイダ責任制限法の場合、事業者に一定の免責を認めながらも、違法な投稿については削除要請を放置すれば法的責任を負う可能性がある。それに比べても230条の免責の威力は圧倒的だった。訴訟大国である米国で、FBやツイッターがここまで成長したのはこの法律のおかげだとされている。

その結果は、どうか。PFは巨大化し、ツイッターの利用者は世界で1億8700万人、FBは27億4000万人になった。しかし、国家からの表現規制を逃れるために設けた規律によって、巨大化したPFは、今度は国家に代わる新たな言論空間の「統治者」になって、私たちの表現の自由の脅威となっている――。米国に徐々に広がっていたそんな懸念を、今回の事件はわかりやすい形で目の前に提示したことになる。

「思想の自由市場」は成立しているのか？

小向は「今回の問題は230条見直しを加速させる可能性もある」と見る。20年10月には、「Does Section 230's Sweeping Immunity Enable Big Tech Bad Behavior?（230条の抜本的な免責は巨大IT企業に悪行を可能にしているのか？）」と題した公聴会が開かれている。ここで、ツイッター、FB、グーグルは、共和党からは「共和党に不利な報道は制限せず、民主党に不利な報道は制限している」と政治的中立性を問題視され、民主党からは「ヘイトスピーチやフェイクニュースを放置している」と批判された。かたや「編集権を行使するな」、かたや「積極的に行使せよ」という全く異なる方向からの批判であるが、いずれもSNSに対する規制強化を求めている。

SNSが「公共的」な性質を帯びる中、そこに流れる違法、有害情報にどう対処すべきなのかは世界的な課題となっている。とりわけ、表現の自由との対立をどう解消するべきなのかは重い問題で、その判断を、私企業に委ねるのではなく、民主的正統性を持つ国家が法に基づいて統制していくべきではないか、という主張も聞かれるようになった。トランプのアカウント凍結の直後には、ドイツのメルケル首相は「言論の自由は法によってのみ制限できるのであって、私企業によってなされるべきではない」と発言している。実際、前章で述べたように、ドイツでは17年、「ネットワーク執行法」を導入し、PFに違法投稿への一定時

間以内の対応を義務づけた。

こうした主張に、情報法に詳しい九州大准教授の成原慧はこう反論を試みる。

「民主主義国家では選挙で代表者が選ばれ、その代表者が法律をつくることで統治に民主的正統性が生まれる。だが、それは単に選挙で国民が選んだからいい、という話ではなく、その前提として、国民が自由に議論し、様々な情報を知った上で投票するというプロセスがあるからこその話だろう。自由な言論空間に国家が介入すると、国家の決定が民主的正統性を持つという前提そのものが損なわれる恐れがある」。だからこそ、「言論空間への国家の介入は慎重であるべきで、ネット利用者や事業者の自主的な対応を尊重することが望ましいとも言えるのではないか」と。

もちろん、それは王道の解答だ。だが、今では、そこにこんな反論も予想されるのではないか。「その前提となる『自由な言論』は、本当に成立しているのか」と。エコーチェンバー、フィルターバブル、そしてフェイクニュースによって言論が分極化、先鋭化し、虚実の見分けがつかなくなっている今の世の中で、思想の自由市場はもはや機能していないのではないか、という問いかけである。

成原は、「たしかに、古典的な思想の自由市場のモデルは動揺しているように見える」としながらも「デジタル時代に合わせてデザインし直すことは可能だろう」と言う。例に挙げ

るのが、ファクトチェックと呼ばれる、情報の真偽や正確性についてメディアや専門家が第三者的な立場で検証する取り組みだ。フェイクニュースやデマへの「対抗言論」を組織化・洗練化したものと言えるかもしれない。成原はさらに、PFによる「ナッジ」と呼ばれる設計にも期待をかける。「肘で小突く」という意味を持つナッジは行動科学の概念の一つで、ある一定方向にユーザーの行動を誘導するデザインや設計のことだ。例えば、ツイッターはデマ拡散を防ぐために、リツイートしようとするユーザーの画面に先にリンク先の記事を読むよう促す表示を出すナッジを試行的に導入した。成原は「ナッジにも個人の意思決定が操作されるなどのリスクはある」としながらも、こうした手法に活路を見出そうとする。

だが、現在、総務省の「プラットフォーム研」(10章)で違法有害情報への政府の対応を検討している森亮二は、より悲観的だ。森はもともと「国家にSNSの『編集権』を委ねて、削除の基準を作らせることは、『削除されるべき表現』を国に選ばせることになってしまう」として、国家の介入は絶対に避けるべきという考え方だ。だが一方で、PFの自主的な対応だけに期待することにも懐疑的だ。「今のまま彼らに削除やアカウント停止を任せても、一時的に病巣を社会から切り取るだけで、社会のバランスは取り戻せないのではないか」と思うからだ。エコーチェンバーとフィルターバブルを取り除かなければ、思想の自由市場の歪みは回復されず、社会の分極化と一部の先鋭化は進行し続けるのではないか、と言うのだ。

今回、過激なトランプ支持者7万人以上がツイッターから排除され、彼らがツイッターから乗り換えたパーラーもインターネットの世界から追放された。それは先鋭化し、手のつけられなくなったエコーチェンバーを丸ごと社会から放り出す、乱暴なやり方だった。たしかに、仕方のない状況だったかもしれない。だが、彼らを危険分子にしてしまったそもそもの原因であるエコーチェンバーやフィルターバブルは、SNSと、SNSの裏の顔である広告のマネタイズの仕組みが作り出したものだ。「そこを見直さないまま、PFに削除対応を委ねても、結局、また第2、第3のパーラーが生まれるだけではないか」と森は悩むのである。

日本語での透明性と説明責任に欠ける姿勢

PFのマネタイズの仕組みが、言論空間に新しい難問を生み出したのは間違いない。それでも、国家の介入を極力避けるべきだとすれば、まずは私たちがPFの対応に目を光らせ、ダメなら市場から退場させるようにしなければいけないだろう。そのために重要なものは、透明性と説明責任、そして言論の場の多様性の確保だ。そして、それらは、PFの持つ二つの顔、SNS事業者としての顔と、広告事業者としての顔の、両方に求めていく必要がある。

SNS事業者としては、削除やアカウント停止のポリシーの明確化と、その運用、異議申し立て手続きと結果などの明確化が、それぞれ求められることになるだろう。

例えば、今回のトランプのアカウント停止のような「有名人対応」では、それは果たされていたと言えるかもしれない。問題は、一般ユーザーへの対応である。19年の1年間にツイッターが凍結したアカウントは約156万件にのぼる。だが、その判断が妥当かどうかは、外部からは検証できない。

EFFも繰り返し、「政治家や著名人だけでなく、一般ユーザーに対しても透明性と説明責任を果たすべきだ」とSNS各社を批判している。18年には世界の80以上の団体と共同で、一般ユーザーへの透明性と説明責任確保を求める「サンタクララ原則」をまとめ、SNS各社に実現を求めた。

だが、日本での状況を見ている限り、とてもその責任が果たされているとは思えない。20年7月の総務省のプラットフォーム研で、グーグル、FB、ツイッター、ヤフー、ラインに国内での削除申請や実際の削除、監視体制などのヒアリングを行った時のことだ。事前に質問は渡されていたが、海外3社は、グローバルでの対応件数や体制についてのみ回答し、日本での数字は「非公開」として明かさなかった。

例えば、FBの場合、誹謗中傷などの投稿に対する国内の一般ユーザーからの削除要請件数は「非公開」。これに対応する削除件数も質問したが、出てきたのは19年の1年間で「2件」という数字だけである。あまりの少なさに委員の1人が問い質すと、「自社のガイドラ

インには違反していないが、日本の法令違反だと見なされて削除されたものが2件」。そして、ガイドライン違反での削除件数は非公開だという。

世界全体では、ガイドラインに違反して削除された件数は3ヵ月だけで230万件にのぼる。別の委員が、「ユーザーへの対応体制は全世界では3万5000人とのことだが、このうち日本語対応ができるスタッフは何人か」と質問した。だが回答はやはり「非公開」だった。これでは、一般ユーザーから膨大な削除要請が寄せられているのに、日本語で対応できる体制が整っていないために2件の法令違反による削除のことしか明かせないのか——と想像したくなるが、検証は不可能だ。

政府機関などからの削除や情報開示件数などを明らかにする「透明性リポート」も、英語とドイツ語しか公開していないという。「日本語での透明性リポートは出してもらえないのか」との質問も出たが、はっきりした回答はなかった。

そして7ヵ月が過ぎた21年2月、プラットフォーム研では再び彼らを招きヒアリングした。当然、回答は前回より前進したと信じていた委員らは、回答用紙を見て目を疑った。ほぼゼロ回答だったのである。

「前回も質問したが、なぜ日本語のできるスタッフの人数などの監視体制を答えてもらえないのか」との質問に、FBは「モデレーションに当たる人員のセーフティーを守るため公表

を控えております」と答え、研究会の空気を一気に険悪にした。もちろん、監視部門やサーバの所在地のようなことを聞いているわけではないのは明らかだ。

よほど腹に据えかねたのかオブザーバーで参加していた法務省人権擁護局参事官の唐澤英城までが「私どもでも、各社に、どのくらいの人数とかリソースをかけているのか教えていただきたいと何回も申し上げている」と横から口を出した。「金融機関も大きな社会インフラだが、彼らは自分たちのIRのために積極的にコンプライアンス体制を開示している」。オブザーバーの政府職員が、指名されてもいないのに自ら発言するのは珍しい。人権擁護機関では日頃、誹謗中傷などの被害者から申告を受け、削除要請などを行っている。ひどい投稿が横行する実態を知っているだけに我慢できなかったのだろう。

研究会ではこの日まで、フェイクニュースや、違法とまでは言えない誹謗中傷については「政府による表現規制は好ましくない」として、PFの自主的な対応に委ねる方向で検討されていた。だが、この時、潮目が変わるのを感じた。

「イノベーションや表現の自由を大切にするという観点から、表現の中身について規制したり、削除義務を課したりすることはよくない。その考えは変わらない」と発言した森はこう続けた。「だが、その代わり、透明性はどうしても確保していただかないといけないと思っている。その部分を対話でと思っていたが、今回、対話の限界を感じた。新たな法制度を検

討するフェーズに入ってきたのではないか」。

最後に挨拶した座長の宍戸常寿も「やはり対話の限界がある場合についても、今後、この場で議論をしていかざるをえない」と厳しい口調で話した。執筆時点でまだ検討途中であるが、ひょっとすると透明性に関する法規制もありうるのでは、と感じさせる一幕だった。

問題は、広告事業者としての「裏」の顔

透明性と説明責任はSNS事業者としての「表」の顔だけでなく、「裏」の広告事業としての顔でも求められるべきものだ。

「インターネット広告は、商業広告主にとって強力で非常に有効な手段である一方、何百万人もの投票行動に影響を与え、政治に重大な危険を及ぼしている」。ツイッターの最高経営責任者（CEO）、ジャック・ドーシーがツイッターを通じてこう発言し、ツイッター上で政治広告を扱わないと宣言したのは19年10月30日。半月後には基準を発表した上で、廃止に踏み切った。

対象としたのは、候補者、政党、選挙、住民投票、投票方法、立法に関する広告などで、政治活動への支援の勧誘、政治的コンテンツへの賛否の表明なども禁止だ。「市民参加や環境などの社会問題に関して啓蒙したり、行動を促したりする広告」は禁止対象から除外して

いるが、これらについても細かいターゲティングは認めず、また、ユーザーの政治的関心に的を絞ったターゲティングも認めない。

この方針が発表されると、16年大統領選挙でトランプに敗れたヒラリー・クリントンは即座に「これは米国と世界中の民主主義にとって正しい行動。さて、あなたはどうする？　FB」とツイートし、FBに対しても対応を促した。ツイッターが政治広告禁止を打ち出す少し前、FBはこれとは逆の方針を打ち出し、批判されていたからだ。

結局、批判の声が高まる中で、グーグルも広告の自主規制を強め、20年大統領選の期間中に一時停止し、また21年の大統領就任式前後にも一時停止している。規制に最も消極的だったFBも、世論の圧力に押される形で、大統領選終盤の1週間は政治広告の掲載を見合わせることになった。

政治広告をめぐる一連の議論の中で注目したいのは、ツイッターが政治広告の中止を宣言した直後の19年11月2日に、『ワシントンポスト』に寄稿した米連邦選挙委員会の委員長、エレン・ワイントラウブの提言だった。

〈Don't abolish political ads on social media. Stop microtargeting（ソーシャルメディアでの政治広告を廃止するな。止めるのはマイクロターゲティングだ）〉

ワイントラウブは、政治広告が問題なのではなく、マイクロターゲティング広告にこそ問題がある、と指摘している。

欧州委員会が20年12月に公表した「欧州民主主義行動計画（EDAP）」も、政治広告に着目し、マイクロターゲティングの機能の制限などを求めていくと見られる。

今日の「人格の基本単位」

日本はどうなるのか。フェイクニュース対策が議題にのぼった21年3月17日の総務省のプラットフォーム研。委員の森亮二は「背景にあるエコーチェンバーやフィルターバブルが問題を深刻にしている。ターゲティング手法を使ったオンラインの政治広告を禁止するべきだ」と発言している。

森は「PFがアドテクノロジーを駆使し、データを使ったマネタイズを極限まで追求していった結果、民主主義に大きな穴を開けてしまったのではないか」と話す。データとテクノロジーを駆使したPFの広告モデルには、人の心や社会を操作することができてしまうという脆弱性がある。もはや彼らの意図を超えて、穴は広がろうとしている。

＊

ちょうどその翌日の18日。プラットフォーム研の下に、新たに「プラットフォームサービスに係る利用者情報の取扱いに関するWG」が設置され、初回会合が開かれた。検討課題は多岐にわたるが、その目玉の一つは、端末IDやクッキーなどの「端末識別情報等の取扱い」である。

PFの「裏」の顔である広告事業において、端末IDやクッキーはマネタイズに欠かせない「ネジ」のような中核的な部品である。それらに利用者情報が紐づけられ蓄積されるからこそ、効果的なターゲティング広告を配信できる。それゆえに、これらのIDを個人情報として保護すべきとする声が、長年の事業者との攻防の中で退けられてきたことは本書で述べてきた通りだ。だが、民主主義に穴を開ける可能性が認識されるに至り、ようやく、その保護が正面から議論されることとなったのだ。

事務局は、5章で紹介したSPI（スマートフォンプライバシーイニシアティブ）によってスマホの利用者情報の保護を進めようとした消費者行政課の後継、消費者行政第二課である。課長の小川久仁子は、消費者行政課の企画官時代にSPIの枠組み作りに携わった経験があり、この問題を取り巻く状況は熟知している。

ＷＧの主査は、東大教授の宍戸常寿。構成員には、個情法の15年改正の際、「準個人情報」を導入しようとして挫折した国立情報学研究所の佐藤一郎、弁護士の森、ＮＴＴセキュアプラットフォーム研究所の高橋克巳の３人が顔をそろえた。当然、あの時に叶わなかった端末識別情報の保護を、今度は個情法ではなく電気通信事業法によって実現しようと鼻息を荒くしている。クッキーの利用実態を知り尽くした株式会社データサインの太田祐一もいる。初会合では、「吉井学校」で森や宍戸にウェブサービスの基本を教えたソフトバンクの吉井英樹もヒアリング対象として出席し、大きな声の関西弁で発言していた。申し分ない布陣と言えそうだ。

執筆の段階ではまだ検討は始まったばかりで、そのゆくえは見当もつかない。しかし、サイバー空間では端末やブラウザ単位で趣味嗜好や思想が把握される。それを考えれば、端末やブラウザの識別子は、今日における「人格の基本単位」と言えるのではないだろうか。そして、それをどう扱うかは、デジタル時代の民主主義の根幹に関わる問題ではないか。

15　21年3月時点でパーラーは米国のホスティング事業者SkySilkを利用してサービスを再開している。

15章　すべてがグーグルになる日
——サンドボックスとゼロレーティング

ウォールド・ガーデン

巨人と人類の戦いを画いた諫山創のマンガ『進撃の巨人』。そこで象徴的に描かれているのが、居住区を高く囲う壁である。ほとんどの住民は壁の外の世界を知らず、実は記憶すら上書きされて歴史が改竄《かいざん》されていることにも気づかないが、長く平和で快適な毎日を享受していた。

作品を楽しみながら、つい連想してしまうのが「ウォールド・ガーデン（壁に囲まれた庭）」。ユーザーとそのデータを囲い込もうとする巨大PFを指して使われる言葉である。SNSや検索、位置情報や閲覧、購買履歴。無意識のものを含めた私たちの膨大なデータを持つ彼らは、当の本人以上に私たちをよく知り、快適なサービスに誘導し、私たちにその心地よい庭から外に出る気を失わせてしまう。だが、さらに壁が高く厚くなって、本当に外に出

ることができなくなったら。あるいは、壁の外に何もなくなってしまったら。私たちユーザーはどうしたらいいのだろうか。

グーグルによるサードパーティ・クッキー（以下3Pクッキー）規制は、ひょっとするとウォールド・ガーデンの壁をより強固にするものかもしれない。

グーグルがブラウザ「クローム」で2年以内に3Pクッキーの利用を規制すると発表したのは2020年1月。クッキーによるユーザーのトラッキングに批判が高まる中で、プライバシー保護に舵を切る大きな方針転換として世界の注目を集めている。だが、それほど美しい話ではないようだ。かつてアドテク企業に身を置き、業界の事情に精通するデータサイン社長、太田祐一（7章を参照）は「脱クッキーの方針は、オンライン広告の世界でグーグル支配を一層強めていくだけなのでは」と言う。

プライバシーサンドボックスとは何か？

3Pクッキーによるデータ収集の仕組みは、2章で説明した通りである。収集されたユーザーの閲覧履歴は、太田がかつて開発したようなDMPに格納され、広告等に利用されたり、売買されたりしている。それが時には、「リクナビ」問題のように個人の一生を左右する採用で使われたり、ケンブリッジ・アナリティカ事件のように国の未来を決める選挙で使われ

たりしてきたことも、この本で触れてきた。

この問題に最初に取り組んだのはアップルだった。17年、ブラウザのSafariで3Pクッキーを制限する仕組み「Intelligent Tracking Prevention（ITP）」をスタートさせている。ブラウザに書き込まれた3Pクッキーを削除してしまうことで、トラッキングを防ごうとしたのだ。これでは、ターゲティング広告は出せなくなる。広告業界は大騒ぎとなった。広告業界はITPを回避しようと、クッキーを書き込む領域を変えるなど様々な対抗策をとったが、その都度、アップルは仕様変更のバージョンアップを行い、これを封じてきた。

当初、3Pクッキーが削除されるまでには24時間の猶予が与えられていたが、徐々にその時間は短くなり、20年3月には完全にブロックされた。アップルは同年6月には、スマホアプリで使われてきた広告用の端末識別ID、IDFA（Identifier for Advertisers）も、利用者の承諾が必要なオプトインに変更する方針を発表しており、21年春には実施される見通しだ。

これに対し、グーグルが打ち出した方針は、ターゲティング広告をやめるのではなく、クッキーに代わる新しいターゲティングの仕組みを作る、というものだ。その構想が、既に19年8月に一部提案された「プライバシーサンドボックス」である。現在、ウェブ技術の標準化を行う非営利団体W3C（World Wide Web Consortium）で議論の途中であり、最終的にどのようになるかはわからない。ただ、これまでの仕組みとの大きな差は、どんな広告を表示

するかという判定に用いられるデータが、広告ネットワークのサーバ側ではなくブラウザ側に保持されること、そして、ブラウザが、どのような広告を表示するかの判断基準を決めるという点にある。

グーグルは既にいくつかの実証実験を進めている。そのうちの一つ、ＦＬｏＣ（Federated Learning of Cohorts）は、興味連動型広告配信のためのプロジェクトだ。「フェデレーテッド・ラーニング（連合学習）」とは、データを集約せずに分散した状態で機械学習を行う方法のこと。興味に沿った広告を表示するための機械学習モデルは各ユーザーの端末に置き、配信された広告への反応のみがサーバ側に送られる。ユーザーの行動履歴などはサーバ側に集約されないとの説明である。一方、「コホート」とは共通の特徴を持つグループという意味で、「このユーザーは自動車に興味があるグループに属する」といったイメージだ。広告ネットワーク側に開示されるのは、各ユーザーの行動履歴ではなく、ユーザーの属するグループのＩＤと広告への反応になる。実証実験では、広告効果は従来の方式の95％に達したと説明されている。広告主はこれまでとほぼ同レベルの効果が期待でき、ユーザー側もプライバシーが守られる、という一挙両得の仕組みらしい。

ファーストパーティの一人勝ち

もっとも、これでは収まらないのは広告事業者などのサードパーティ（以下、3P）だ。これまでは、ユーザーと直接の接点を持たずとも、ファーストパーティ（以下、1P）との交渉でウェブサイトにタグを置いてもらえれば、3Pクッキーにより閲覧履歴を入手することができた。今後はそれができなくなるだろう。ターゲティング広告は配信できるかもしれないが、「あくまで、ブラウザ開発者であるグーグルの掌の上で、グーグルの条件に従ってデータを見せてもらうほかなくなる」（太田）。

もちろん、グーグルは世界最大手の広告事業者でもある。同業他社からは、「ユーザー情報がグーグルに集中するのではないか」「プライバシー保護の名を借りて独り勝ちを狙っている」など様々な疑問が投げかけられている。英国の競争当局CMA（Competition & Markets Authority）も21年1月8日、グーグルのこの方針について、競合他社の広告事業者に与える影響を調査する旨を発表している。

「クッキーの制限によって、今後はOS、ブラウザ、検索エンジン、SNS、ECサイトなど、ユーザーと直接接点を持つ事業者、つまり1Pが今まで以上にデータを支配する時代になる」と太田は指摘する。3Pクッキーが制限されれば、3Pが手にできるデータは少なくなり、ユーザーについて知ることができるのは1Pに限られるからだ。

例えばユーチューブは、ユーザーが日頃からどのような動画を見ているかを1Pとして知っている。したがって、ユーザーの興味関心に即した広告を表示することができる。かつてユーチューブを買収したグーグルも、インスタグラムを買収したFBも、世界最大の広告事業者であると同時に、世界最大の1Pでもあるのだ。もし、3Pデータがなくなれば、1Pとしてユーザーの趣味嗜好を把握できるプレイヤーだけが、広告事業者として生き残ることになる。ユーザーは1Pのコンテンツを楽しむ見返りに、1Pに自分の興味関心を伝え、1Pがそれを利用して広告を売るのだ。

その一方で1Pのコンテンツそのものも、ユーザーの関心に従って最適化されていく。つまり、ユーザーによる1Pへの依存は強くなることになる（コンテンツの最適化に伴う「エコーチェンバー」の問題については、13章、14章を参照）。

1Pがコンテンツそのものの強さと最適化によりユーザーを魅了し、ユーザーもデータもその外に出なくなる状況は「ウォールド・ガーデン」の主であるグローバルPFの力をより強靭にするだろう。データにおいて圧倒的な優位性を持つ庭の主は、一人占めしたデータを使って広告を販売し、それによって得られた潤沢な資金力でさらにコンテンツを強化してユーザーの快適性を高め、さらにユーザーデータを集めるという強い正のスパイラルを獲得することになる。他の事業者は、プラットフォームを利用させてもらってビジネスを展開する

ことは可能だが、「他人の家の庭」で闘う競争には、はなから勝ち目はないだろう。庭の主は自らに有利なルールを作り、庭から得られるデータによって競争相手の動きを予想することすら可能だからだ。

このように3Pクッキーの制限は、ウォールド・ガーデンの繁栄を不動のものにし、グーグルの地位を強化する作用を持っている。グーグルに反発する広告業界やアドテク企業は「PRAM（Partnership for Responsible Addressable Media）」という団体を設立して、メールアドレスベースのIDを使ってユーザーのデータをやりとりする計画を立てている。だが、メールアドレスのような不変性の高いIDを使うことはプライバシー保護の流れに逆行し、うまくいく可能性は低いのではないか。競争環境の維持の観点からは、プライバシーを犠牲にする形での競争を許容するのではなく、むしろ競争当局の介入が検討されるべきだろう。

不十分な規制が生んだツケ

しかし、こうも考えることはできないだろうか。

不十分な法制度によりプライバシー問題が放置され続けてきたからこそ、グーグルのこの計画は多くの人に受け入れられ、着々と進むのだと。皮肉な言い方をすれば、不十分な法制度により放置されてきたプライバシーのグレーゾーンをグーグルが自主規制で「正しく」埋

めようとしたことにより、異を唱える余地がなくなってしまった。たとえ、それが結果的にグーグルの競争上の地位をさらに強化するものであったとしても。そして、そうした傾向は、不十分な法制度を放置してきた国ほどより強く現れる可能性もある。

なぜこんなことになったのか。「たられば」の話をしても詮無いことだが、もしあの時、違った判断がなされていたら……と考えてしまうターニングポイントがある。例えば、15年の個情法改正を議論した「パーソナルデータ検討会」（6章）。技術検討WGが提案した「準個人情報」の規制案が潰されていなかったら、状況は違っていたのではないだろうか。

準個人情報はクッキーを一律に含むものではなかったが、クッキーシンクなどの運用により、共用性や不変性を獲得したクッキーは対象となるはずである。3Pとしてユーザーデータを集めることにはかなりの制約が生じたことは想像に難くない。そうなれば、3Pとしてのデータビジネスへの限界を感じて、1Pとしてのデータ利活用に舵を切るプレイヤーが、もっとたくさん出てきた可能性もあったのではないか。

グーグル自身も、様々なサイトにタグを設置し、3Pとしてもデータを集めてきたが、グーグルが脱クッキーを打ち出したのは、もう自分たちには不要になったから、という見方もできる。「今ではほとんどの人がグーグルのアカウントを作り、そのサービスを使う。もうグーグルは何でも僕らのことを知っている」と、太田は言う。

ゼロレーティングの可否をめぐって

現実の世界は、こうだ。ブラウザの世界占有率6割以上、検索エンジンは9割、スマホOSの7割、さらにユーチューブまでも押さえるグーグル。傘下のインスタグラムも含めれば世界で40億人のユーザーを抱えるFB。スマホOSの4分の1を占め、音楽ストリーミングサービスでは世界2位のシェアを持つアップル、世界最大規模の通販サイトと、利用者数が世界2番目の動画配信サービスを持つアマゾン。

もし3Pデータがなくなれば、彼らだけがユーザーのことを知っているプレイヤーとなる。ウォールド・ガーデンの主たちは、1Pの威力を知り、その武器となるコンテンツを強化している。日本はどうだろう。もしかすると、ゲームのルールを理解していないのではないか——。そんな不安な気持ちにさせられたのが、19年から20年にかけて総務省で行われた「ゼロレーティングサービス」の可否をめぐる検討だった。

ユーチューブやネットフリックスばかり見ていたら、急にスピードが遅くなってしまった——。こんな経験のある人は少なくないだろう。動画や音楽は使用するデータ量が大きいので、うっかりすると契約している月の上限をすぐ超えてしまう。いわゆる「パケ死」である。

そんなユーザー向けに、動画や音楽、SNSなど特定サービスを使用データ通信量にカウ

ントせず、いくらでも使えることを謳ったプランが「ゼロレーティングサービス」だ。16年にラインモバイルが導入して注目され、格安スマホなどを謳うMVNO（仮想移動体通信事業者）が次々と採用した。18年にはソフトバンクなど大手も参入を表明していた。

ところが、これらは様々な課題が整理されないままの「見切り発車」だった。

第一に、電気通信事業法6条には電気通信事業者に対し、「不当な差別的取扱いをしてはならない」という規定がある。利用コンテンツによってユーザーを差別的に扱うゼロレーティングは、これに抵触する恐れがあるはずだ。

しかし、通信事業者のゼロレーティングサービスへの要望は強かった。一つは、「他の通信事業者とサービスを差別化して競争力をつけたい」という狙い。だが、もっと切実だったのは、「年々増える通信量と設備のコストをなんとかしたい」との思いだっただろう。

動画や音楽、ゲームなどの高品質化、大容量化の傾向は強まるばかりだ。しかも動画や音楽の配信サービスでは、視聴制限のない定額制サービスの売上高が急増していた。パソコンやスマホはほぼ全国民に行き渡り、契約者数は頭打ちなのに、1契約当たりのダウンロードトラフィックはうなぎ登りに増えていく。グローバルな調査だが、近年、ダウンロードトラフィックの6割近くは動画が占める。しかも15・0％はネットフリックス、11・4％はユーチューブとの調査もある。通信事業者側には、「コンテンツ事業者は、我々の通信で商売を

して儲けている。ただ乗りのようなもの。彼らを優遇する代わりに『分担金』をとれないか」という思惑があった。

通信事業者を上回る力

そもそもゼロレーティングサービスの可否については、インターネットの黎明期から「ネットワーク中立性原則」をめぐって長く続く論争がある。「ネットワーク中立性」とは、「政府やインターネットサービスプロバイダは、すべてのインターネット・トラフィックを平等に取り扱うべきだ」とする考え方で、03年にコロンビア大教授だったティム・ウーによって提唱されて以降、広く知られるようになった。平等に扱うべき対象には、料金のほか通信速度や品質なども含まれる。

日本では総務省が07年、有識者による「ネットワーク中立性に関する懇談会」を発足させ報告書をまとめているが、通信環境が激烈に変化していることを受けて、ほぼ10年ぶりに議論を再開させた。18年10月、10章で紹介した「包括検」の下に設けられた「ネットワーク中立性に関する研究会」である。19年4月に公表された中間報告書では、ネットワーク中立性に関する4原則を以下のように示している。

①利用者がインターネットを柔軟に利用して、コンテンツ・アプリケーションに自由にアク

セス・利用可能であること
②利用者が他の利用者に対し自由にコンテンツ・アプリケーションを提供可能であること
③利用者が技術基準に合致した端末をインターネットに自由に接続・利用可能であること
④利用者が通信及びプラットフォームサービスを適正な対価で公平に利用可能であること
主語の「利用者」は消費者だけではなく、通信を利用してコンテンツ事業を営む事業者も含めている。これをゼロレーティングサービスに当てはめると、公平な利用を謳う原則④に抵触する恐れがあることになる。ゼロレーティング対象コンテンツは非対象コンテンツに比べて競争上有利になるのは確実だからだ。

ところが、報告書はゼロレーティングを一律に否定はしなかった。「サービス内容の差別化に加え、トラフィック増に対する設備増強費用を捻出するための財源の一つとして一部の電気通信事業者から期待されている」として有用性を認めた上で、どのような場合であれば許容できるのか、その条件について指針を策定する方針を示した。

だが、19年7月、指針策定のために「ゼロレーティングサービスに関するルール検討WG」が作られ、具体的な議論が始まると、風向きが変わった。委員らが問題視したのは、「コンテンツ事業者と通信事業者の関係」と「コンテンツ事業者間の競争に与える影響」だった。

まず初回の会合で、委員である東京大大学院情報学環教授の中尾彰宏が自身の研究結果を

報告した段階で、検討会場に緊張感が漂い始めた。中尾は自身の調査で、既に始まっているMVNOによるゼロレーティングサービスでは正しいカウントが行われていない、つまりゼロレーティング対象のコンテンツでありながら課金されるなどの事態が起きていることを明らかにし、「正しくゼロレーティングを行うためにはコンテンツ事業者から詳細な情報を提供してもらうなどの協力が不可欠」と指摘して、他の委員を驚かせた。通信事業者がゼロレーティングサービスを行うにはユーザーの通信先がゼロレーティング対象のサーバかそうでないかを確認する必要があるが、通信技術が複雑に変化する中で、正しく通信先を把握するには、コンテンツ事業者に頼んでサーバや、負荷分散のために利用しているCDN（コンテンツ・デリバリー・ネットワーク）に関する技術情報などを得なければ不可能になっている、と言うのである。

ゼロレーティングがユーザーを魅きつけるためには、ユーザーに人気のコンテンツをそろえなければいけない。現に、当時既に始まっていたゼロレーティングサービスは、ネットフリックス、ユーチューブ、アマゾンプライムビデオ、インスタグラム、ツイッター、アップルミユージックなど、不動の人気を誇るコンテンツが大半だった。となると、通信事業者はこれらのコンテンツ事業者に頭を下げてお願いし、技術情報を提供してもらわない限り、競争力のあるゼロレーティングはできないことになる。通信事業者がコンテンツ事業者に「負

担金」を払ってもらいたいと思っても、この力関係では土台無理な話ではないか。3回目の会合にヒアリング対象者として参加したネットフリックスの公共政策マネージャー、Darren Ong氏も、ゼロレーティング対象にされても対価の支払いは「しない」ときっぱり断言していた。

要するに、コンテンツ事業者のほうが通信事業者より力関係が上になっているようなのだ。もともとネットワーク中立性原則の目指すものは、公正な競争と表現の自由の確保である。かつて警戒されていたことは、通信事業者がその「優位」な立場を使って、コンテンツ事業者を差別したり、優遇の見返りに金を払わせたり、といった事態を生み、その結果、コンテンツ事業者が表現の場を失い、ユーザーの知る権利が侵害されるのでは、というものだった。

ところが、この検討会で様々な事業者からヒアリングをするうちに、むしろ心配すべきは、力の強いコンテンツ事業者がその「優位」な立場を使って通信事業者に対し、他のコンテンツ事業者より手厚い待遇を求め、その結果、コンテンツ事業者の間の競争を阻害するということが明らかになったのだ。この場合、最も恐れるべきは、コンテンツの寡占が進み、我々の社会から多様性が失われるということである。

多様なコンテンツが失われる恐れ

「このままゼロレーティングサービスを容認すると、いずれインターネットはグーグルやアマゾンなど海外大手の提供するコンテンツばかりになるのでは」。検討会でこう指摘したのは弁護士の森亮二だった。「プランを魅力的にしようと思えば通信事業者は当然、人気のユーチューブやインスタグラムなどを選ぶだろう。するとユーザーはますます彼らのサービスに集中し、弱いサービスは駆逐される。世の中から多様なコンテンツが姿を消せば、価値観の多様性も失われてしまう」と言うのである。

こうした懸念から、インド政府は16年、FBと国内通信事業者が連携して始めたゼロレーティングサービスを禁止している。FBを含め一部アプリが無料で使えるゼロレーティングサービスは発展途上国を中心に30ヵ国以上で展開されているが、海外の通信事情に詳しい日本インターネットプロバイダー協会専務理事の立石聡明は、「インドネシアをはじめ、多くの途上国ではユーザーが無料サービスばかりを使うようになっている」と指摘する。「インターネット＝FB」だと思っている若者もいるという。立石は危機感を抱く。「このままでは誰もが平等に発信できるインターネットの良さが失われてしまうのでは」と。

既に述べてきたように、PFはウォールド・ガーデンを築くため、優れた1Pであることを重視し、潤沢な資金力でコンテンツに磨きをかけている。国内の回線事業者がユーザーに

魅力的なゼロレーティングを提供しようとする際に、その対象候補がユーチューブやインスタグラムになるのは当然のことだ。その結果、ウォールド・ガーデンが誇る最高レベルのコンテンツは、同時に回線料金の負担がない、お得なものとしてさらに競争力を増すのである。

委員たちの懸念を反映する形で、WGが公表した「ゼロレーティングサービスの提供に係る電気通信事業法の適用に関するガイドライン」には、コンテンツ事業者間の競争に配慮した対策が記載された。総務省は、ゼロレーティングサービスの提供に関して業務改善命令を出すことができる、とした上で、ユーザーのコンテンツ選択状況についてのモニタリングも進めることとなった。

モニタリングが本当に機能するのか、我々は注意深く見ていく必要があるだろう。人気コンテンツを愛するユーザーにとって、パケ死を気にしなくて済むゼロレーティングサービスの採用はまたとない朗報で、通信事業者にとっても新規ユーザー獲得の有効なツールになる。そのままならいやがおうにも進んでいくに違いない。みんなが得をする。しかし、それはネット上のコンテンツをウォールド・ガーデンのみが発信する、ディストピアへの第一歩かもしれないのだ。

忘れないようにしたいと思う。これまでも、みんなが便利で、みんなが得をしていると思っていた。そして、気がついたら何か大きなものが失われていた、ということを。

おわりに——日本はなぜGAFAを生み出せないのか

この本を執筆中の2021年3月31日、個人情報保護委員会がラインと親会社のZホールディングスに立ち入り検査を実施したとのニュースが流れてきた。業務委託先の中国企業からユーザーデータを閲覧できた問題や、決済サービスの取引情報やオンライン診療サービスで使う健康保険証の画像などが韓国のサーバで保存されていたことなどが問われている。ヤフーとラインの経営統合の完了が華々しく公表されたちょうど1ヵ月後のことである。

言うまでもなく、Zホールディングスは国内市場でGAFAに対抗しうる和製PFの筆頭株。ラインはその2枚看板の一つと言っていいだろう。

GAFAが強い市場として誰もが思い浮かべるのは、スマホ、検索、Eコマース、SNS、AI、クラウドあたりであろうか。このうちスマホ端末はアップルの圧勝。アプリ市場はアップルとグーグルで100%占められる。検索については、グーグルが首位でヤフーが2位。

ただし使用するエンジンについては8章で述べた通り、ヤフーはグーグルのエンジンを利用しているので、やはりグーグルの圧勝と言っていいだろう。Eコマース市場の流通総額は、アマゾンは直販があるので単純比較は難しいが、楽天がいい勝負を展開している。

SNS市場はどうだろうか。インスタグラム、ツイッター、FB、どれも多くのユーザーを獲得しているが、実のところ、アクティブユーザー数が最も多いのはラインなのだ。株式会社コムニコの21年3月版のまとめによると、月間アクティブユーザー数はラインが8600万人、2位のツイッターが4500万人、3位はインスタグラムの3300万人、と続く。ユーザーが多ければ獲得するデータも多い。ラインは日本を代表するファーストパーティであり、ゼロレーティングサービスの対象候補であり、ZホールディングスがGAFAに挑戦するための切り札でもあった。果たしてZホールディングスは、GAFAにチャレンジするスタートラインに立てるのだろうか。今後の調査のゆくえから目が離せない。

本書はここまで、主にデジタル時代の巨大テック企業に日本がどう向き合ってきたかを振り返ってきたが、プラットフォームに対する規制を強化できたとしても、それだけでいいわけではないだろう。GAFAに対抗できるだけの強い国内事業者がいなければ、強い規制はむしろ、それに耐える体力のあるGAFAに有利に働き、結局、国内市場は彼らの総取りに

なる恐れもある。次のゲーム・チェンジの機をうかがって、革新的な技術とビジネスを育てる必要があるだろう。

だが、ポストGAFAは日本に生まれるのか。いや、その前に、そもそもなぜ日本にはGAFAが生まれなかったのかを考えなくてはいけないのではないか。

ライブドア・ショック

「日本でGAFAが生まれないんじゃない。日本はGAFAになろうとする企業をポンポン潰してきただけですよ」

いつもの柔和な口調でこう話してくれたのは、データセンターやクラウドサービスなどを展開する東証一部上場企業「さくらインターネット」の社長、田中邦裕（43歳）だ。

田中は京都の舞鶴工業高等専門学校に在学中の1996年に18歳でレンタルサーバ事業を始め、99年にさくらインターネットを設立した。マイクロソフトのビル・ゲイツ、FBのマーク・ザッカーバーグがともに19歳で起業したことを考えると、創業時、日本で一番GAFAに近い位置にいた男かもしれない。

創業のきっかけは、高専の級友らに自分が立てたウェブサーバを貸してあげたことだったという。自分でサーバを立て、所属するロボコンサークルのホームページを作ったら、それ

があまりに楽しいので周囲にもサイト作りを勧め、サーバを貸してあげたら「同級生の間にあっという間に広がった」。金を払ってでもサーバを借りたいという友人らの声を聞き、「これはビジネスになるな」と思ったのだ。

90年代後半は、日本でIT業界が盛り上がりを見せ始めた時期だった。田中の創業と同じ96年には、ソフトバンクと米国ヤフーが合弁で日本法人のヤフーを設立。ホリエモンこと堀江貴文（48歳）がライブドアの前身、有限会社オン・ザ・エッヂを設立したのも96年だった。楽天は97年、サイバーエージェントは98年の創業である。

だが、ITブームから25年。生き残ったのは数えるほどである。

「日本って、スタートアップが『GAFA』になろうとすると、なる前に潰そうとするんですよね」

例として挙げるのが、堀江らが証券取引法違反容疑で逮捕され、その後実刑が確定したライブドア事件である。06年1月16日、ライブドア本社などが東京地検特捜部の捜索を受けると、株式市場は大きく下落した。いわゆるライブドア・ショックである。

実は、さくらインターネットはその直前の05年10月に東証マザーズに上場を果たしたばかり。株価が大きく下落したため、その後に予定していた市場からの資金調達は難航した。07年に債務超過に陥る一因にもなった。何より痛手だったのは、国や大手企業がスタートアッ

プ企業への発注を控えるようになったことだったという。「スタートアップ支援に一番必要なのは『売り上げ』なんですよ」。国などの公的機関や大企業からの仕事をとりつけられれば、信頼が増して事業展開していけるが、国や大企業はなかなかスタートアップに仕事をくれない。ライブドア事件以降、その壁はさらに厚くなった。

「事件を機に、日本のネットベンチャーの間で『目立っちゃいけないんだな』という意識が広がりましたね」とも振り返る。堀江は東京・六本木ヒルズにオフィスを構え、プロ野球への参入構想を打ち上げ、ニッポン放送株を大量取得して筆頭株主に躍り出るなど、既成秩序への「挑戦者」のイメージが強かっただけに、なおさらだった。

最高裁まで争った堀江の有罪は11年に懲役2年6ヵ月で確定した。主な罪状は53億円の粉飾決算だった。同時期に約180億円の水増しが発覚した旧日興コーディアルグループが上場廃止を免れ、5億円の課徴金納付命令と、グループの社長と会長の引責辞任で終わっていることと比べ、バランスを欠くとの指摘も聞かれる。

「違法行為が罰せられるべきは当然のこと」と断りつつも、田中はため息をつく。伝統的な企業と新興企業では、日本社会は後者により厳しい。「米国では大きくなってから叩かれるが、日本では大きくなる前に叩かれて、潰されてしまう」。

ハードで勝って、ソフトで負ける

日本の産業政策も改めて検証されるべきだろう。経済の新陳代謝を後押ししイノベーションの芽を育てるための政策的な対応は、なされてきたのか。むしろ、既存産業の保護に傾注するあまり、新産業の創出を怠ってきたのではないか――。

ターニングポイントの年として、85年を挙げたい。日米貿易摩擦が問題となる中、コンピューターや周辺機器の関税撤廃が議論されるのと並行して、著作権法が改正され、コンピュータープログラムが著作物として保護対象となった年である。

この頃、日本の対米輸出の黒字は増え続け、日本への市場開放圧力は牛肉、オレンジなどの農産品ばかりでなく、サービス・金融、先端産業など様々な分野に広がっていた。その中で、日本がむしろ積極的に輸入関税撤廃に動いたのが、コンピューターや周辺機器の分野だった。

「電子立国日本」としての自信が背景にあったのだろうか。当時、日本のコンピューターメーカーの対米輸出は伸び続け、日米貿易収支は82年に日本の「入超」から「出超」に逆転している。84年には日本側の黒字は20億ドルに拡大した。当時の通産省（現・経産省）も、輸入関税を撤廃しても影響は少ないと見た可能性はある。

だが、ハードウェアの輸出超過だけ見て、日本のコンピューター産業が「強い」と思うの

は早計だった。日本はハードウェアでは「出超」でも、ソフトウェアでは「入超」だったのである。当時はまだソフトウェアの輸入に関する統計はなかったが、日銀の「国際収支統計月報」によると84年度の日本の技術貿易収支は16億ドル強の赤字で、大半はソフトウェアだったと思われる。つまり、「モノ」として完成品のコンピューターを輸出していても、その中で動いているソフトウェアは米国からの輸入に頼っていたのが実情だった。にもかかわらず、「出超」の統計をもとに通商交渉にのぞんでいたのだ。

結局、85年には、エレクトロニクス分野の日米次官級協議でコンピューター本体・部品を含めたエレクトロニクス製品全体の関税を日米で相互撤廃する方向で合意した。96年12月には日米欧など29の国と地域が情報技術協定（ＩＴＡ）で半導体、コンピューターソフトなど約２００品目を対象に97年7月から段階的に関税撤廃を実施することで合意している。

これに並行して進んでいたのが、著作権法によるソフトウェア保護の動きだ。コンピュータープログラムの権利保護をめぐっては当初、通産省が「プログラム権法」の立法による保護を、文化庁が著作権法改正での対応を主張し、数年にわたり対立が続いたが、結局、著作権法上の著作物として保護することで決着がついた。これを強力に後押ししたのが米国だった。

米国は通産省案に反発し、米国と同様の著作権によって対応するよう圧力をかけていた。

通産省案は保護期間が15年程度で、著作権法による保護期間の50年より短く、そして裁定制度の導入によってプログラムのユーザーの利益保護にも配慮していたからだ。

米国の戦略の背景にあったのは、有名な「ヤング・レポート」の提言だった。当時のレーガン政権下では83年6月、ヒューレット・パッカード社長のジョン・ヤングを委員長として「産業競争力に関する大統領委員会」が設置され、85年1月には米国の競争力強化のための33の提言がなされた。中心の一つが、知的財産権による戦略の強化だった。「米国の技術力は依然として世界の最高水準にある」のに、それが貿易に反映されないのは「各国の知的財産の保護が不十分だからである」として知財保護策を強化させせようとしたのである。米国政権はこの問題を明確に意識した上で、実際に産業政策の中核として実行に移したのだった。

ソフトウェア「産業」かソフトウェア「製造業」か

日本はどうだったか。著作権法を改正した時点で、これからはソフトウェアを押さえなければ、情報機器分野に勝機がないことは理解されていたはずだ。だが、実際の産業政策はそのようには動かなかった。

製造業での成功体験が鮮明すぎて、「日本はものづくりの国」という意識を変えられなかったとはよく指摘されるところだ。田中も「いつまでもソフトウェアはモノを動かすための

オマケ、という意識が抜けなかった」と分析する。

ソフトウェアなしにはコンピューターは動かない。しかも、ソフトウェアはオンラインで簡単に配布でき、一度開発すれば無限にコピーでき、著作権法で守られている。「限界費用が限りなくゼロに近くて、ものすごく効率がいい。だから、ソフトウェアを自社で持っている会社はうまくいきましたよね」。例えば独立系システムインテグレーターのオービックは自社開発の会計ソフトなどパッケージソフトが好調で、時価総額は1兆8000億円。これはNECより高い。

田中はさらに厳しく指摘する。「日立、NEC、富士通は、ソフトウェア会社に転換すべきでした。転換できないなら潰れるべきだったんじゃないでしょうか」。

ここまで言うのは、ITの主戦場がモノではなくソフトに移った後、ITベンダーがたどった道のりが、日本のITをとりまく環境を悪化させたという思いがあるからだ。

90年代になって大量のエンジニアが余ったITベンダー会社は、いわゆる「人月商売」に手を染めた。SIer（エスアイアー）と呼ばれる、インフラ構築から機器の納入、その後の運用メンテナンスに至るまで一括受注するシステムインテグレーター化で、実際のプログラミングやテスト作業は中小のSIerに丸投げする、日本特有の業態が生み出されたのだ。

「ソフトウェアはコピーすれば簡単に大量生産できます。にもかかわらず、わざわざ一件一

件カスタマイズした割高なシステムを作り上げて売って回って、利益を上げようとする。要は、ソフトを売っているのではなく、ヒトとモノを売っている。ソフトウェア産業のような顔をしたモノづくり産業のままなんです」

政府にも、産業界に構造変革を迫らないまま、むしろ永らえさせるべく手助けしてきた罪があるだろう。年間2兆円に近い国や地方自治体のIT調達の多くは、ITゼネコンと化した大手ベンダー、NTT、日立、NEC、富士通などの各グループが受注しているのである。これがベンダーロックインを招き、割高な発注となっていることは度々問題とされてきた。

21年9月にはデジタル庁が発足するが、田中のこの苦言をどう聞くか。

「ソフトウェア産業と、ソフトウェア製造業は全く違う商売。だが、日本ではソフトウェア製造業ばかりに金が集まるので、そこに安住し、本当のソフトウェア産業に生まれ変わろうとはしなかった。IT企業を名乗りながら、売っているのはモノと人。ソフトウェアは海外からの借りもののまま。これではいつまでもイノベーションは生まれない」

捨て身の発想

田中には好きなエピソードがあるという。85年にインテルが日本企業のDRAM（半導体メモリの一種）の攻勢を受け、経営危機に陥った時の話だ。

DRAMはインテルの創業初期からの主力製品で、インテルを世界的企業に成長させる原動力だった。それだけに経営陣の混乱と動揺は激しかったらしい。その時、社長だったアンディ・グローブは、「ムーアの法則」（半導体の集積率は18ヵ月で2倍になるという経験則）で知られるインテルの創業者で当時会長だったゴードン・ムーアに対し、「もし取締役会がわれわれを追い出し、新しい最高経営責任者を任命したら、その男はどうすると思うかい？」と尋ねたという。ムーアが「DRAMから撤退するだろうな」と答えると、グローブは「一度ドアの外に出て、戻ってこよう。そして、我々の手でそれをやろうじゃないか？」と説得し、DRAM市場からの撤退という大きな決断に至った――という話だ。

「データ時代の大きな社会構造の変革の中では、変化しなければ生き残れない」。IT分野の技術やサービス、そしてビジネスモデルは、どんどん変化していく。ものづくりの時代から、パソコンや携帯電話のブラウザが入口となるポータルサイトの時代、そしてアプリが入口となる時代に変わり、さらに新たなプラットフォームをベースとした新しい世界がやってくるだろう。

一度死んだ気になって、新しい分野にチャレンジした結果が、今のCPU市場でのインテルの地位を築いた。日本もそれができるだろうか。

2019年　公取委が「デジタル・プラットフォーム事業者と個人情報等を提供する消費者との取引における優越的地位の濫用に関する独占禁止法上の考え方」公表

消費者庁に「デジタル・プラットフォーム企業が介在する消費者取引における環境整備等に関する検討会」設置

2020年　特定デジタルプラットフォームの透明性及び公正性の向上に関する法律が成立

米司法省がグーグルを反トラスト法疑いで提訴。検索サービスを初期設定させる契約をスマートフォンメーカーなどと結んで競争を妨げたと指摘

欧州委がアマゾンにマーケットプレイスの出店者のデータを利用したとして競争法違反で警告

FTCがフェイスブックを、インスタグラムやワッツアップの買収で競争を阻害したとして反トラスト法違反の疑いで提訴。両事業の売却を要求

米テキサスなど10州の司法長官がグーグルを反トラスト法違反の疑いで提訴。ネット広告市場の競争を妨げたと指摘

米コロラドなど38州の司法長官がグーグルを反トラスト法違反の疑いで提訴。検索事業で同業他社を排除したと指摘

欧州委がデジタルサービス法案とデジタル市場法案を公表

2021年　取引デジタルプラットフォームを利用する消費者の利益の保護に関する法律が成立

2018年　ケンブリッジ・アナリティカによるフェイスブック利用者8700万人のデータ悪用が発覚

公取委がアマゾンジャパンに協力金をめぐり立ち入り（20年に確約計画認定で審査終了）

消費者委員会に「オンラインプラットフォームにおける取引の在り方に関する専門調査会」設置

欧州委が「オンライン仲介サービスのビジネスユーザにとっての公正性・透明性の促進に関する規則（P2B規則）案」を公表、19年７月発効

経産省、公取委、総務省に「デジタル・プラットフォーマーを巡る取引環境整備に関する検討会」設置

欧州委がグーグルのOSをめぐり43億4000万ユーロの制裁金決定

総務省が「電気通信事業分野における競争ルール等の包括的検証」を情報通信審議会に諮問、プラットフォームサービスに関する研究会などスタート

欧州委が偽情報対策に関する行動規範EU Code of Practice on Disinformationを公表、プラットフォーム事業者による署名

個情委がフェイスブックに「いいね！ボタン」などで行政指導

経産省、公取委、総務省が「プラットフォーマー型ビジネスの台頭に対応したルール整備の基本原則について」発表

2019年　仏CNILがグーグルにGDPR違反で5000万ユーロの制裁金

ドイツ連邦カルテル庁がフェイスブックに対し「いいね！ボタン」などで外部サイトでの利用者情報を利用することなどを禁じる決定

欧州委がグーグルの広告サービスをめぐり15億ユーロの制裁金決定

FTCがケンブリッジ・アナリティカ問題でフェイスブックに50億ドルの制裁金

2012年　総務省がスマートフォンプライバシーイニシアティブ（SPI）発表
総務省がヤフーメールのターゲティング広告導入を承認
フェイスブックがインスタグラムを買収
2014年　経産省に「グーグル研究会」設置
フェイスブックがワッツアップを買収
2015年　欧州委が検索をめぐる競争法違反でグーグルに警告
欧州委が「デジタル単一市場戦略」発表
個人情報保護法が約10年ぶりに改正
2016年　経産省に「第四次産業革命に向けた横断的制度研究会」設置
欧州委が一般データ保護規則（GDPR）制定
欧州委がOSをめぐり競争法違反でグーグルに警告
欧州委が広告をめぐり競争法違反でグーグルに警告
欧州委が「オンライン・プラットフォームに関わる政策文書」発表
公取委がアマゾンジャパンに最恵待遇条項をめぐり立ち入り（17年に審査終了）
2017年　経産省に「第四次産業革命に向けた競争政策の在り方に関する研究会」設置
公取委の競争政策研究センター内に「データと競争政策に関する検討会」設置
欧州委がフェイスブックに14年のワッツアップ買収をめぐり、委員会に不正確な情報を提出したとして１億1000万ユーロの罰金
欧州委が検索をめぐりグーグルに24億ユーロの制裁金決定
経産省に「デジタルプラットフォーマーを巡る法的論点に関する検討会」設置

関連年表

※ゴシックは海外の出来事

1976年　アップル設立

1994年　アマゾン設立

1996年　ヤフー（日本）設立

1998年　グーグル設立

2000年　グーグルがアドワーズを開始

　　　　米FTCがクッキーによるユーザー追跡でダブルクリックを調査（02年和解）

2004年　フェイスブック設立、グーグルがGメールを開始

2005年　グーグルがグーグルマップ、グーグルアナリティクス開始

2006年　ツイッター設立

　　　　グーグルがGメールを日本でも一般公開

　　　　グーグルがユーチューブ買収

2007年　グーグルがダブルクリック買収を発表、米FTCと欧州委が調査（08年3月までに承認）

2009年　総務省に「利用者視点を踏まえたICTサービスに係る諸問題に関する研究会」設置

2010年　グーグルのストリートビューカーの通信傍受がドイツ情報保護局の監査要求で発覚

　　　　欧州委がグーグルの検索をめぐり競争法違反の正式調査を発表

　　　　公取委がヤフーによるグーグルの検索エンジンと検索連動型広告システム採用を承認

2011年　総務省がグーグルのストリートビューカー問題で指導

2012年　総務省と経産省がグーグルにプライバシーポリシー統合で通知

ラクレとは…la clef=フランス語で「鍵」の意味です。
情報が氾濫するいま、時代を読み解き指針を示す
「知識の鍵」を提供します。

中公新書ラクレ
732

膨張《ぼうちょう》GAFA《ガーファ》との闘《たたか》い

デジタル敗戦《はいせん》 霞《かすみ》が関《せき》は何《なに》をしたのか

2021年6月10日発行

著者……若江雅子《わかえまさこ》

発行者……松田陽三
発行所……中央公論新社
〒100-8152 東京都千代田区大手町 1-7-1
電話……販売 03-5299-1730　編集 03-5299-1870
URL http://www.chuko.co.jp/

本文印刷……三晃印刷
カバー印刷……大熊整美堂
製本……小泉製本

Published by CHUOKORON-SHINSHA, INC.
Printed in Japan ISBN978-4-12-150732-7 C1236

中公新書ラクレ　好評既刊

L652
ドキュメント　誘導工作
――情報操作の巧妙な罠
飯塚恵子 著

「自分の意見が、知らずに誰かに操られている」。それが誘導工作＝インフルエンス・オペレーションだ。情報操作やフェイク・ニュース流布を駆使するこの手法は、IT技術の進歩と普及によって近年、範囲、スピード、威力が格段に増した。本書はこの「現代の危機」を欧州各地の関係者取材を重ねて描き出す。それはグローバリズムの潮流にさらされ、政治や経済の変動もありうるわが国において「すぐそばに迫る危機」でもある。日本が危ない！

L691
中国、科学技術覇権への野望
――宇宙・原発・ファーウェイ
倉澤治雄 著

近年イノベーション分野で驚異的な発展を遂げた中国。米国と中国の対立は科学技術戦争へと戦線をエスカレートさせ、世界を揺るがす最大の課題の一つとなっている。本書では「ファーウェイ問題」を中心に、宇宙開発、原子力開発、デジタル技術、大学を含めた高等教育の最新動向などから、「米中新冷戦」の構造を読み解き、対立のはざまで日本は何をすべきか問題提起する。著者がファーウェイを取材した際の貴重な写真・証言も多数収録

L723
「スパコン富岳」後の日本
――科学技術立国は復活できるか
小林雅一 著

世界一に輝いた国産スーパーコンピューター「富岳」。新型コロナ対応で注目の的だが、真の実力は如何に？　「電子立国・日本」は復活するのか？　新技術はどんな未来社会をもたらすのか？　莫大な国費投入に見合う成果を出せるのか？　開発責任者や、最前線の研究者（創薬、がんゲノム治療、宇宙など）、注目AI企業などに取材を重ね、米中ハイテク覇権競争下における日本の戦略や、スパコンをしのぐ量子コンピューター開発のゆくえを展望する。

中公新書ラクレ　好評既刊

L655
独学のススメ
——頑張らない！「定年後」の学び方10か条

若宮正子 著

「趣味がない」なんてしょんぼりしなくて大丈夫。「やりたいこと」の見つけ方、お教えします。何歳からでも〝成長〟できます。定年後はますます楽しくなります——。定年後に「独学」でプログラミングを学び、世界最高齢のアプリ開発者として一躍有名人に。英語のスピーチはグーグル翻訳で乗り切り、旅先で知り合った牧師さんの家を訪ねてみたり。自由気まな84歳。毎日を楽しく生きるコツは、頑張りすぎない「独学」にありました。

L678
英語コンプレックス粉砕宣言

鳥飼玖美子＋齋藤　孝 著

日本人がなかなか払拭することのできない英語コンプレックス。中学・高校の六年間学んでも話せるようにならない絶望が、外国人と軽妙なパーティトークをできない焦りが、過剰な「ペラペラ幻想」を生んでいる。英語教育の現場をよく知る二人が、コンプレックスから自由になるための教育法・学習法を語り合う。とりあえず英語でコミュニケーションを取るための具体的な方策も伝授。黒船ショック以来、日本人に根付いた劣等感を乗り越える！

L728
「定年後知的格差」時代の勉強法
——人生100年。大学で学び、講師で稼ぐ

櫻田大造 著

定年後に本当にコワいのは、経済格差より「知的格差」。情報を集めるだけの「受動的知的生活」から、論文、ブログを書いたり講師を務めたりする「能動的知的生活」へ転換すれば、自己承認欲も他者承認欲も満たされ、病気の予防にもなる！　その方策として本書は、①大学（院）の徹底活用術、②研究法、論文執筆術、③オンライン、SNS活用術等を伝授。キャリアを活かすもよし新分野に挑むもよし。講師業や博士号さえ夢じゃない実践マニュアル。